DE

L'INTERVENTION ARMÉE

ET DE

L'ÉTAT PRÉSENT DE L'EUROPE,

CONSIDÉRATIONS POLITIQUES,

SUIVIES DE TROIS APPENDICES :

Le premier relatif à l'Espagne, — le deuxième à
l'évacuation d'Ancône, — et le troisième
à la question d'Orient.

Par M. de L***

Quid verum atque decens curo et rogo et omnis in hoc sum.
HORAT.

Paris.

TREUTTEL ET WURTZ, LIBRAIRES, RUE DE LILLE

ET LES PRINCIPAUX LIBRAIRES.

Octobre 1840.

G

DE

L'INTERVENTION ARMÉE

ET DE

L'ÉTAT PRÉSENT DE L'EUROPE.

IMPRIMERIE D'ÉD. PROUX ET C⁽ᶜ⁾,
Rue Neuve-des-Bons-Enfans, 3.

DE

L'INTERVENTION ARMÉE

ET DE

L'ÉTAT PRÉSENT DE L'EUROPE.

———✦———

CONSIDÉRATIONS POLITIQUES,

SUIVIES DE TROIS APPENDICES :

Le premier relatif à l'Espagne, — le deuxième à l'évacuation d'Ancône, — et le troisième à la question d'Orient.

Par M. de L***.

Quid verum atque decens curo et rogo et omnis in hoc sum.

HORAT.

Paris.

TREUTTEL ET WURTZ, LIBRAIRES, RUE DE LILLE,

ET LES PRINCIPAUX LIBRAIRES.

———

Octobre 1840.

AVIS.

Cet écrit, terminé depuis quelque temps, n'était pas destiné à voir le jour ; le cours des événemens en a déterminé la publication : on y a ajouté quelques notes et trois appendices qui, peut-être, ne seront pas lus sans quelque intérêt.

AVERTISSEMENT.

Les guerres et les conquêtes de la révolution et de l'empire français ont duré plus de vingt-deux ans : des désastres inouis ont amené la paix de 1815 et l'occupation militaire de la France. Pendant les vingt-quatre années de paix qui ont suivi cette occupation, il n'y a eu qu'un abus continuel de la force contre l'indépendance des peuples, de la Vistule jusqu'au Tage.

C'est ainsi que nous avons traversé un demi-siècle, et il ne faut pas croire que c'est à Bologne ou à Ancône que s'est passé le dernier acte de ce drame affreux.

Les élémens de l'abus de la force n'ont jamais été plus nombreux; les grandes armées permanentes sont encore sur pied ; de grandes questions politiques avancent tous les jours vers un fatal dénoûment.

Nous sommes dans ce moment de calme qui précède la tempête.

Dans une si grave circonstance, un appel au bon sens des peuples devient nécessaire.

Mais les peuples, dit-on, ne veulent plus entendre parler de ce qui s'est passé hier ; à peine font-ils attention à ce qui se passe aujourd'hui : une foule d'écrits divers les transporte dans un monde d'illusions et les détourne d'un prochain avenir.

Sans doute les peuples sont fatigués des subtilités des publicistes, de la phraséologie des diplomates et des intrigues des partis. Il faut leur parler le simple langage de la vérité, le seul qui peut fixer leur attention. C'est ce qu'a voulu faire l'auteur de cet écrit, en essayant de signaler la véritable source de tant d'abus du pouvoir, les suites funestes de ces abus, et les moyens d'en rendre le retour impossible.

Si les peuples civilisés de l'Europe ont le courage de jeter un regard sur ce qu'ils ont fait jusqu'ici, ils verront avec étonnement qu'ils ont été, tour à tour, oppresseurs et opprimés, instrumens et victimes d'un pouvoir arbitraire. Mais ce qui est plus étonnant encore, c'est la politique suivie par la France.

La France, humiliée en 1815, doit reprendre, auprès de l'étranger, toute la dignité, toute l'influence qui convient à un grand peuple; *c'est là que se retrouve la première garantie de ses libertés intérieures.*

Eh bien ! la France qu'a-t-elle fait ? Elle a vu prodiguer ses trésors, répandre le sang de ses enfans, sous l'influence et au profit de ces mêmes puissances étrangères qui l'ont envahie et rançonnée !.... Certes le peuple français ne s'en est pas douté ; mais, pour s'en convaincre, il n'a qu'à nous suivre dans le récit historique des événemens qui se sont passés depuis 1815. Bientôt d'autres événemens appelleront les Francais sur la scène politique de l'Europe : que feront-ils ?... C'est peut-être de la solution de cette question que dépendent les destinées de la France et de l'Europe entière.

DE

L'INTERVENTION ARMÉE

ET DE

L'ÉTAT POLITIQUE ACTUEL DE L'EUROPE.

CHAPITRE PREMIER.

Du prétendu droit d'intervention, en général.

Tout est bouleversé en Europe : on ne parle que
d'ordre général, de droit naturel, de droit public,
de droit civil; ce ne sont plus que des mots dont
le sens s'obscurcit tous les jours davantage. L'esprit
de parti s'agite dans tous les sens : on se prodigue
les noms de factieux, d'ennemis de la société, et
l'irritation publique est à son comble : après vingt
ans de guerre, il nous faut gémir sur dix-huit années
de paix, et les élémens de la république européenne
semblent être en dissolution.

Cette confusion d'idées, cet abus de mots, pour
justifier l'abus de la force, se font surtout remarquer
dans les actes de la diplomatie, concernant un pré-

1

tendu droit d'intervention armée qu'on veut exercer au nom de l'ordre général et pour le bonheur universel de la société.

Pour examiner cette question sous son vrai point de vue, il est nécessaire de remonter à quelques vérités générales ; nous tâcherons d'exposer ces vérités de la manière la plus simple, ayant soin d'en écarter les abstractions des métaphysiciens et les subtilités des publicistes.

La conservation des principes sur lesquels repose l'ordre général de la société, se rattache au droit naturel : ce droit est commun à tous les peuples, c'est le véritable droit des gens primitif ; ce qui détruit l'ordre général, entraîne la ruine de tout ordre partiel : là où il n'y a point de société, on chercherait en vain des nations et des gourvernemens.

La conservation des principes sur lesquels repose l'existence d'un corps politique, se rattache au droit des gens secondaire, qui régit les rapports de nation à nation ; dans le développement de ces rapports, un ancien État peut disparaître, un nouvel État peut se former, sans que l'ordre général en soit essentiellement affecté.

La conservation des principes sur lesquels repose l'ordre intérieur d'un État, se rattache aux lois fondamentales qui régissent les rapports des souverains avec leurs sujets ; dans le développement de ces rapports, un peuple peut parcourir toutes les formes de gouvernement, de la démocratie jusqu'à la monarchie, et continuer néanmoins à exister comme corps politique indépendant.

Le peuple ou le gouvernement qui viole les principes sur lesquels repose l'existence même de la société, se met en état de guerre avec tout le corps social; cette guerre ne pourrait avoir une issue favorable pour les agresseurs sans la destruction de toute société civilisée : c'est là le caractère dont est toujours empreinte la violation de l'ordre général.

On peut donc se lever , au nom de la société , contre ces barbares d'Afrique qui donnent la chasse à l'homme pour le livrer à la traite, ou qui violent la liberté du commerce des peuples sur le grand chemin de la mer ; mais ce n'est pas un droit d'intervention, c'est le droit de défense naturelle qui appartient à tous les membres de la société, et par conséquent à tous les corps politiques qui la composent; ce droit a pour base les principes de justice universelle que Dieu a gravés dans le cœur de l'homme, et qu'aucun pouvoir politique ne saurait effacer.

Si un peuple ou un gouvernement attaque l'indépendance d'un autre État, il en résulte un droit de guerre pour l'État offensé : or, deux États qui se font la guerre doivent nécessairement courir la chance d'une modification ou même d'une altération dans leur position actuelle; mais cette chance n'est pas de nature à se rattacher à l'ordre social.

En effet, les différens États sont portés à des

guerres, à des traités, à des alliances, par des intérêts, des habitudes, des passions et une foule de
rapports divers qui ne sauraient être soumis à un
principe conservateur universel.

La faction qui veut introduire un nouvel ordre politique dans l'État, viole les droits du gouvernement
existant; mais les droits politiques d'un gouvernement
quelconque se confondent nécessairement avec ceux
de la nation toute entière; et si ce gouvernement, n'a
pas assez de force pour se soutenir, ce n'est plus un
gouvernement, il est ravalé à la condition d'un parti.

Lorsque plusieurs partis (voulant chacun un ordre
différent) ont recours aux armes pour soutenir leurs
prétentions, et que l'un d'eux commet des actes
d'hostilité envers un autre État, ce dernier peut
user du droit de guerre; en tout autre cas, une force
étrangère ne peut se réunir à quelque parti que ce
soit, sans violer les principes généraux, qui admet-
tent la division de la société en plusieurs corps
indépendans et libres.

Le gouvernement étranger qui abuserait ainsi de
la force, ne pourrait s'appuyer du droit qu'il a à sa
propre conservation, sans saper les fondemens mêmes
de son existence.

C'est en vain qu'on voudrait légitimer l'emploi
de la force étrangère, dans l'intérieur d'un État,
parce qu'un roi, un gouvernement, un parti en font
séparément la demande. C'est, dit-on, un traité d'alliance... Mais on ne fait pas attention que de tels

traités ne peuvent avoir lieu que de nation à nation
et entre des corps politiques considérés dans leur
intégrité, contre un ennemi extérieur.

Une convention, qui a pour but de soutenir par
la force étrangère, un gouvernement en lutte avec
ses sujets, ou une faction en lutte avec son gouvernement, n'est pas un traité d'alliance. Dès que la
nature d'un corps politique est altérée, il n'y a plus
unité d'action entre ses parties, et aucune de celles-
ci ne peut s'arroger le droit de contracter au nom
de l'État.

Les révolutions des peuples tendant à changer ou
à modifier la forme de leur gouvernement, doivent
être considérées comme des crises inévitables dans
un état de maladie politique ; ces crises n'ont jamais amené la destruction de l'existence nationale,
à moins qu'elles n'aient été accompagnées de l'in-
troduction d'une force étrangère dans le pays : ici les
leçons et les exemples de l'histoire sont uniformes.

Or, celui qui aurait le droit d'appeler une force
étrangère dans l'intérieur de l'État, aurait aussi
le droit de détruire l'existence même du corps politique dont il fait partie ; mais comme l'on n'admet
pas chez les individus, le droit d'armer leurs bras
d'un instrument meurtrier, pour se suicider, on ne
peut pas non plus admettre ce droit chez les nations :
si la blessure qu'on se fait de cette manière n'est
pas toujours mortelle, le crime ne change pourtant
pas de nature, et le principe qui admet ces suicides

politiques , doit être considéré comme un principe subversif de la société.

On ne pourra jamais impunément méconnaître cette vérité , *que la conservation d'une des modifications possibles de l'existence individuelle d'un corps organisé quelconque, ne dépend que de l'exercice de ses propres forces vitales ;* et par la même raison, le principe de la conservation d'une forme quelconque de gouvernement, est renfermé tout entier dans la sphère occupée par l'État dont il est question.

S'il en était autrement, il ne s'agirait plus d'un corps jouissant d'une vie à lui ; ce serait une simple machine dont le rouage serait réglé par une intelligence extérieure; cet automate politique ne pourrait être envisagé que comme un corps hétérogène, nuisible à l'économie du corps social ; il ne pourrait participer au mouvement de la vie qu'en rentrant dans une autre sphère d'activité et faisant partie d'un autre corps organisé.

Après ce simple exposé des principes, essayons de fixer nos idées sur le mot *intervention.*

Si l'on veut appliquer ce mot à l'emploi de la force armée, pour empêcher les progrès d'un principe dont le triomphe amènerait la destruction de la société, cette application n'est pas exacte : en ce sens, le mot *intervention* pourrait donner lieu à d'étranges méprises et ajouter à ces déplorables disputes de mots qui divisent les hommes, lors même qu'ils sont d'accord : il n'est ici question, ainsi qu'on l'a déjà dit, que du droit de défense naturelle, *commün à tous les peuples*.

Si par *intervention* on entend l'emploi de la force armée de la part d'un peuple ou d'un gouvernement, pour soutenir, modifier ou changer l'ordre politique intérieur d'une autre nation, le prétendu droit d'intervention découle d'un faux principe, qui ne pourrait prévaloir, sans porter atteinte à l'ordre social (1).

Il n'y a donc point, à proprement parler, *de droit d'intervention*.

Dans la complication des rapports de nation à nation, un peuple ou un gouvernement peut raisonnablement s'intéresser à la situation intérieure d'un autre peuple ou d'un autre gouvernement: si l'on appelle *intervention*, toute démarche tendant à développer cet intérêt, alors l'intervention, qui ne peut jamais devenir un droit, peut dégénérer en violation d'un devoir, passant par tous les degrés qui caractérisent la moralité ou l'immoralité des actions humaines, passant

(1) Sous ce rapport, toutes les nations auraient naturellement le droit de s'opposer par la force à l'intervention armée d'une puissance dans les affaires d'une autre puissance ; mais l'exercice d'un droit est essentiellement facultatif, et l'on doit ici remarquer l'erreur de ceux qui voudraient faire aux gouvernemens un devoir de recourir aux armes pour empêcher toute intervention armée : ce prétendu devoir entraînerait les nations à entreprendre des luttes inconsidérées qui les porteraient vers leur ruine.

des conseils de l'amitié aux suggestions de la perfidie et à l'abus de la force.

Cela posé, on va d'abord essayer d'expliquer comment les grandes puissances ont pu rattacher à l'ordre général de la société, des questions qui ne re-
gardent que l'ordre intérieur de chaque nation.

On tâchera ensuite d'exposer la politique des
grands cabinets de l'Europe sous ce nouveau point
de vue; et comme la France présente des singularités remarquables, et qu'elle mérite par sa position
une attention toute particulière, elle sera l'objet
d'un chapitre à part.

On essaiera enfin de faire voir la nécessité de
mettre un terme à l'intervention armée, et on
ajoutera quelques réflexions sur les moyens d'amé-
liorer l'état politique actuel de l'Europe.

CHAPITRE II.

—

Des premières applications du prétendu droit d'inter-
vention, à l'ordre général de la société.

On ne doit pas douter de la pureté des intentions
des monarques alliés, mais il est difficile de prévoir comment, avec des millions de baïonnettes à
leur disposition, ils pourront assurer le repos du
genre humain.

Une triste expérience paraît avoir prouvé que les
malheurs qui ne cessent d'affliger l'Europe pro-
viennent d'un faux principe, *adopté de bonne foi.*

On ne pouvait pas rattacher à l'ordre général de
la société les guerres contre Napoléon : Napoléon
n'avait sanctionné aucun principe destructif de l'ordre social, et la civilisation n'aurait pas été détruite,
quand bien même il eût réussi à faire un seul empire de toute l'Europe.

Mais le chef du gouvernement français n'avait
pas respecté les droits des nations : les peuples et
les gouvernemens avaient des satisfactions à deman-

der, des affronts à venger, et par conséquent une commune alliance était naturelle contre un ennemi commun ; en effet, ils se liguèrent tous contre lui, et ils durent être enfin pleinement satisfaits par sa chute et par l'occupation militaire de la France : dès lors cette fameuse ligue restait sans objet.

Cependant on n'était pas encore revenu de l'étonnement causé par cette grande catastrophe ; les souverains, après avoir atteint leur but, n'abandonnaient pas encore l'idée d'un intérêt général qu'ils étaient appelés à défendre. Se voyant les arbitres de l'Europe, ils se crurent à la hauteur des circonstances..... Dieu, pensaient-ils, les avait désignés pour asseoir sur des bases immuables la félicité des peuples, pour régler le sort des nations, pour assigner à chaque corps politique une sphère déterminée qu'il n'aurait pu dépasser sans porter atteinte au bonheur universel.

Il fallait donc une action constante et uniforme pour maîtriser tous les événemens partiels, et on voulut s'assurer de cette action par de solennels engagemens. On bâtit alors cette nouvelle arche d'alliance, où les tables de la loi européenne devaient être gardées, et les souverains s'érigèrent en cour suprême pour juger du bien et du mal (1).

(1) Je ne sais quel républicain proposa, en 1792, une *sainte-alliance* des peuples, pour accorder des secours aux nations qui, soumises au pouvoir absolu, voudraient briser leurs fers :

Cette mystique alliance serait tombée d'elle même,
si d'autres motifs n'avaient pas contribué à resserrer
l'union des puissances ; ce fut l'effervescence des
peuples qui vint jeter l'alarme dans les cabinets, et
dès lors les illusions d'une vaine utopie devinrent
fatales à l'Europe.

Les auteurs de la sainte alliance avaient pris part,
en 1807, à la réunion de la vertu, *Tugent-bund*,
en Allemagne ; ils avaient encouragé, en 1812, la
société des *Carbonari*, en Italie : ils avaient accueilli le plan de la levée en masse des populations
contre les armées de Bonaparte, suivant les vues
d'un des plus célèbres apôtres de la révolution germanique ; ils n'avaient cessé de parler de liberté et
d'indépendance dans toutes leurs proclamations ;
mais enfin, effrayés des conséquences de leurs premières démarches, ils changèrent de système : une
réaction eut lieu, et il s'ensuivit une irritation toujours croissante, entre le parti monarchique et le
parti populaire.

Malheureusement on a fini par croire, des deux
côtés, à une mutuelle conspiration des princes
contre les peuples et des peuples contre les princes.
La crainte et la méfiance se sont emparées de tous
les esprits ; les fourbes courtisans et les démago-
gues *brouillons* en ont fait leur profit, sous le nom

c'est assez curieux d'avoir vu, de nos jours, cette *sainte-
alliance* se réaliser en sens contraire.

de *royalistes* et de *libéraux*, et ces noms, en dépit de la grammaire, sont devenus synonymes *d'assassin* et de *brigand*.

Les libéraux ont demandé à grands cris des constitutions ou des républiques ; les royalistes ont soutenu que, sans la monarchie pure, il n'y a point de bonheur : ainsi les rois et les peuples ont été amenés à l'idéalisme politique, et la conservation de l'ordre général a été rattachée à une forme exclusive de gouvernement, au pouvoir plus ou moins étendu d'un seul individu.

Voilà la source du prétendu droit d'intervention : c'est dès lors qu'on a vu des milliers de baïonnettes, dans un mouvement perpétuel, pour soutenir, tantôt le principe du pouvoir absolu, tantôt celui de la révolte.

Au milieu de ces scènes de désordre, les diplomates n'ont cessé de parler de l'équilibre politique ; mais cet équilibre suppose l'existence de plusieurs États indépendans, dont les intérêts divers sont soutenus par des forces réelles pouvant se contrebalancer : or, les intérêts de chaque corps politique disparaissent lorsqu'on veut se diriger en masse vers un seul et même but; et il ne peut y avoir d'équilibre où il n'y a qu'un seul poids et que tout penche d'un seul côté (1).

(1) Gibbon (*Histoire de la Décadence et de la Chute de l'empire romain*, chap. III) fait bien ressortir les avantages

L'unité absolue de système suppose la perfection, et la perfection n'est pas de l'homme; ainsi, que devait-on espérer de cet accord des grandes puissances pour étouffer à main armée les révolutions des moindres États? La Pologne était là pour répondre; c'est sur elle qu'on a fait le premier essai, et l'on a, dans le sort de ce pays, la preuve la plus frappante des conséquences de l'intervention, lors même qu'elle paraît être le plus nécessaire.

Sans doute, si les armées protectrices n'avaient été employées qu'à rétablir le calme et à rendre à la Pologne sa glorieuse indépendance, on aurait pu croire aux bienfaits de la sainte alliance et de l'intervention armée; mais on n'a qu'à se rappeler que le premier partage de cette malheureuse contrée fut l'avant-coureur de la révolution française : Louis XVI montait sur l'échafaud en même temps que la nation polonaise expirait sous les coups de l'intervention des trois grandes puissances du Nord. Cependant ces puissances n'avaient parlé pendant vingt ans que *d'assurer la conservation de l'ordre général, le bonheur et l'indépendance de la Pologne* !

de la division de l'Europe en un certain nombre d'États indépendans : « L'empire romain, dit-il, embrassait le monde connu et n'était qu'une vaste prison ; personne ne pouvait échapper au despotisme d'un seul individu. »

Au moyen de l'intervention armée, on a voulu remplacer le despotisme d'un seul individu par le despotisme d'un seul principe, sous une forme plus destructive encore du bonheur social.

Si nous réfléchissons à ce qui s'est passé sous nos yeux, nous verrons que l'intervention n'a pas changé de nature.

CHAPITRE III.

—

Aperçu historique de la marche progressive de l'inter-vention armée, après la restauration.

En 1813, les cabinets du nord de l'Europe se sont réunis, au nom de la liberté des peuples, contre le despotisme de Napoléon; six ans après, ces mêmes cabinets se sont réunis, au nom du pouvoir absolu, contre la constitution des cortès de Cadix.

Les premiers coups de l'intervention furent donc portés contre ces Espagnols, à qui les alliés devaient principalement leur triomphe; mais pour bien juger de cette intervention, il faut que nous suivions le cours des événemens.

En 1814, Ferdinand quittait sa prison de Valen-çai pour aller reprendre la couronne de ses pères; à peine fut-il assis sur le trône qu'il excita, par sa conduite, l'indignation universelle; les souverains du Nord eux-mêmes lui conseillèrent d'user de mo-dération, mais ce fut en vain.

Cependant lorsqu'une puissante faction rétablit,

en 1820, la constitution de Cadix, le roi Ferdinand n'hésita pas à sanctionner, par des sermens réitérés, ce code politique qu'il avait d'abord repoussé avec un orgueilleux dédain. Dès lors ce prince signa, pendant trois ans, en sa qualité de roi constitutionnel, des lois qui devaient avoir une influence durable sur la fortune, sur l'esprit et les mœurs de ses sujets ; s'il était persuadé que ces lois devaient faire le malheur de l'Espagne, il aurait eu la lâcheté de perdre la nation pour sauver son individu.

Or, quel motif y avait-il pour une intervention dans les affaires de l'Espagne ? — Les souverains du Nord avaient blâmé la conduite du monarque absolu, mais ils n'avaient pas eu recours à la force pour l'amener à faire un meilleur usage de sa puissance ; comment pouvaient-ils donc, sans se mettre en contradiction avec eux-mêmes, proclamer un droit d'intervention, pour rendre au roi Ferdinand ce pouvoir dont il avait si manifestement abusé ? Le droit d'intervention fut néanmoins proclamé, et cette contradiction de la part des cabinets du Nord fut effacée par une contradiction plus frappante encore : ce fut de voir la France constitutionnelle se charger seule de l'intervention, pour relever le pouvoir absolu en Espagne. Dès ce moment l'intervention dans les affaires de l'Espagne appartient à l'histoire de la France.

La révolution de Naples suivit de près celle d'Espagne. Le roi de Naples, comme le roi d'Espagne, prodigua des sermens qu'il ne voulait pas tenir. Les puissances, sans la moindre provocation, proclamèrent encore une fois un droit d'intervention dans les affaires de Naples, et ce royaume fut militairement occupé par une armée autrichienne.

Le Piémont, de son côté, ne tarda pas à offrir le spectacle d'une nouvelle révolution. Le roi Victor Emmanuel quitta le pouvoir plutôt que de ternir sa mémoire par des sermens trompeurs : ce fut le seul souverain qui rendît la royauté respectable aux yeux des peuples.

Les révolutionnaires du Piémont avaient annoncé publiquement l'intention d'envahir le territoire lombard ; l'Autriche pouvait donc les attaquer pour étouffer une imminente agression. Cependant l'exaltation, l'imprévoyance ou la mauvaise foi des révoltés, enfin l'apparition de la force armée autrichienne, firent disparaître en un moment les traces de cette révolution éphémère. Dès lors le droit de guerre, en faveur de l'Autriche, n'existait plus; mais le droit d'intervention était là pour le remplacer, et le Piémont n'en fut pas moins militairement occupé par les armées impériales.

Jusqu'ici, l'intervention des puissances avait eu constamment pour but de soutenir les principes monarchiques; mais le temps n'était pas loin où devait commencer une intervention d'une nature opposée.

A cette époque, l'Europe avait pris une nouvelle

physionomie ; on se serait cru dans un seul vaste État gouverné par un seul principe , et près d'être renversé par des émeutes qui éclataient de temps en temps , à peu près comme les éruptions d'un volcan intermittent.

Les cabinets frémissaient au seul nom de guerre, et craignaient qu'une première étincelle ne produisît un incendie général. A la moindre mésintelligence entre les plus petits États, toute la diplomatie se mettait en mouvement ; on semblait oublier qu'il y avait des corps politiques, jouissant d'une existence séparée et indépendante, n'ayant pas toujours les mêmes intérêts ; tout cédait à cette terreur panique de la révolution.

La Russie seule n'hésita pas à commencer une querelle qui, malgré tous les efforts de la diplomatie, devait se terminer par la guerre et par le triomphe final de la révolution de la Grèce.

La Porte avait signé le traité de Bucharest, en 1812 , dans un moment où la Russie était à la veille d'une formidable invasion, et tandis que, malgré tous ses succès, elle avait le plus grand besoin de la paix.

La Russie, après huit ans de silence, fit de vives réclamations pour la pleine exécution des traités précédens, et surtout du traité de Bucharest, au moment où la révolution de la Grèce augmentait les embarras du gouvernement turc. La Russie elle-même n'avait pas rempli tous les articles du traité,

dont elle demandait si impérieusement l'exécution ;
cependant elle voulait obliger la Porte à retirer ses
troupes d'un pays où s'étaient manifestés les premiers symptômes de la révolte.

Cette querelle répandit l'alarme dans tous les cabinets ; tous montrèrent le plus grand intérêt pour
la conservation et l'intégrité de l'Empire ottoman;
mais, chose étonnante, ils n'interposèrent leur médiation que pour soutenir toutes les demandes de
la Russie et pour arracher à la Porte une pleine
adhésion à toutes les volontés de sa rivale (1).

Le divan craignait surtout l'intervention de la
Russie en faveur des Grecs ; mais, pour dissiper ses
craintes, on avait eu soin d'éviter, dans les notes
diplomatiques, toutes les expressions qui auraient
pu faire supposer cette intention au cabinet de Pétersbourg.

Enfin la Porte, cédant aux efforts réunis des puissances, accorda tout à la Russie; elle se borna à exprimer, d'une manière bien marquée, la satisfaction
qu'elle éprouvait *de ce que la Russie s'en tenait aux
traités, sans y mêler d'autres questions.*

Mais, après que la convention d'Ackermann fut
signée, la Porte put s'apercevoir du piége qu'on

(1) On lit dans la note anglaise, du 11 août 1823 :
« La Porte est dans l'erreur lorsqu'elle pense que ce sont des
» sacrifices qu'on lui demande. Les alliés , *au nom de la Russie ,*
» ne lui demandent que des gages de sa bonne foi et de ses in-
» tentions amicales. »

lui avait tendu. L'ambassadeur d'Angleterre notifia le premier au divan l'intention où étaient l'Angleterre et la Russie d'intervenir, pour faire cesser les hostilités entre la Grèce et la Porte.

On voit ainsi comment l'intervention des puissances, commencée par les conseils de l'amitié, finit par l'abus de tous les ressorts de la diplomatie, en faveur du plus fort contre le plus faible, et par une déception aussi contraire à la dignité des souverains, qu'aux véritables intérêts de l'Europe.

Ce dénoûment nous amène à l'intervention armée dans les affaires de la Turquie, pour soutenir la révolution de la Grèce.

Mais pour suivre la marche de cette intervention, il nous faut remonter à l'époque de 1821, où les souverains réunis, au congrès de Laybach, reçurent les premières nouvelles de l'insurrection des Grecs.

D'abord ce mouvement révolutionnaire fut envisagé sous le même point de vue que les mouvemens d'Espagne, du Piémont et de Naples. Ypsilanti, officier général russe et chef de l'insurrection, fut complètement désavoué par l'empereur Alexandre (1).

La Russie déclara, dans sa note du mois de juillet 1821, *qu'elle voyait dans la conservation du gouvernement turc, un moyen de maintenir et de consolider*

(1) L'empereur de Russie dit qu'il ne pouvait considérer l'entreprise d'Ypsilanti que *comme l'effet de l'exaltation qui caractérisait cette époque, ainsi que de l'inexpérience et de la légèreté de ce jeune homme.*

la paix de l'Europe ; qu'elle devait par conséquent con-
damner une entreprise qui pouvait porter atteinte à l'exis-
tence de ce gouvernement ; elle offrait en même temps
à la Porte sa coopération pour *isoler*, suivant ses
expressions, *le plus promptement possible, la conta-*
gion révolutionnaire.

Mais bientôt le supplice du patriarche grec four-
nit au cabinet de Pétersbourg une occasion favorable pour s'élever, au nom de la religion et de l'humanité, contre ce gouvernement turc qu'il voulait
naguères appuyer de ses armes.

On publia, en 1824, un mémoire attribué à la
Russie, sur la pacification de la Grèce ; on y proposait le morcellement de ce pays en plusieurs
principautés relevant de la Porte, et jouissant de
certains priviléges qui auraient été convenus et ga-
rantis par les autres puissances.

Le cabinet russe garda le silence sur ce mémoire,
mais il ne dissimula pas son intention d'intervenir
en faveur des Grecs.

L'Angleterre s'était également montrée très hostile aux Grecs dans ses premières notes diplomatiques ; elle n'avait pas hésité à les appeler des *traî-*
tres qui *méritaient d'être punis ;* elle sembla changer
de style vers la fin de 1822, mais elle n'osait pas
encore parler au divan d'une intervention dans les
affaires de la Grèce.

Le ministère britannique, dans sa note du 12 avril
1824, assurait encore à la Porte que *le gouverne-*

*ment anglais était son ancien ami et allié, qui jamais
ne s'était rendu, et qui jamais ne consentirait à se rendre l'organe d'aucune proposition attentatoire aux
droits et aux intérêts, à la dignité et à l'indépendance
de l'empire ottoman.*

Enfin, pour écarter les soupçons de toute participation au prétendu mémoire russe, le cabinet de
Londres déclarait à la Porte *qu'il repoussait l'idée
d'obliger les deux partis à accepter un plan de pacification contraire à leurs vœux.*

Cependant la levée d'un emprunt anglais en faveur des Grecs; l'enthousiasme de quelques sujets
britanniques qui allaient combattre sur la terre
classique contre les Turcs; les secours en argent et
en munitions qui partaient des ports de l'Angleterre
pour la Grèce, étaient peu d'accord avec les déclarations du ministère. Celui-ci avait beau distinguer
les actes partiels, qu'un gouvernement libre ne peut
empêcher, *des offenses commises par ce gouvernement,*
la Porte ne voulait pas entendre raison, et peut-être
n'a-t-elle vu, dès lors, qu'un ennemi caché dans
l'Angleterre.

En 1825, les Grecs, se voyant réduits à la dernière extrémité, prirent la résolution de se mettre
sous la protection de l'Angleterre.

L'Autriche, qui s'était montrée constamment contraire aux révolutionnaires de la Grèce (1), cher-

(1) C'est pourtant une chose digne de remarque, que cette
révolution a pris naissance dans la capitale même de l'empire

cha dans cette circonstance à tirer parti de la publicité du cabinet anglais, à l'avantage du sultan et
des rois.

Le cabinet prussien parut préférer le rôle de mé-
diateur.

Les affaires de la Grèce, considérées comme question européenne, furent le sujet de quelques confé-
rences du corps diplomatique, à Constantinople.
Le divan dut en être informé, mais peut-être fut-il
rassuré par le peu d'accord qui régnait entre les
négociateurs, sur les points fondamentaux de la
question.

Cependant le gouvernement turc ne tarda pas à
recevoir, ainsi que nous l'avons dit plus haut, la
première communication qui lui annonçait l'intervention de l'Angleterre et de la Russie; cette communication fut suivie, en 1827, d'une seconde note
anglaise, conçue dans le même sens, et, peu de
temps après, de la notification officielle du protocole
signé par les deux puissances.

Ce fameux protocole portait que la Grèce serait

autrichien. En 1814, on vit se former à Vienne une association
grecque, sous le nom de *Société des Amis*, dont l'objet apparent était la propagation des lumières et du christianisme, mais
dont le but secret était la délivrance de la Grèce. On peut se
rappeler qu'à l'époque de la révolution française, un négociant
grec méditait l'insurrection de son pays contre la Porte, et que
c'est également de Vienne qu'il entretenait des correspondances
secrètes et qu'il répandait ses chansons montagnardes.

une dépendance de l'empire ottoman, qu'elle paie-
rait un tribut à la Porte, et que le divan aurait
une certaine influence dans la nomination des auto-
rités par lesquelles les Grecs seraient dorénavant
gouvernés.

Ce document avait été communiqué à l'Autriche,
à la Prusse et à la France, et ces puissances, bon
gré malgré, durent appuyer, auprès du divan, l'intervention anglo-russe (1).

Bientôt un autre traité plus extraordinaire encore
fut signé par l'Angleterre, la Russie et la France.
Ces trois puissances donnaient à la Porte le délai
d'un mois pour accepter leur médiation.

Mais la Porte était moins disposée que jamais à
se laisser dicter la loi : aidée par le pacha d'Egypte
qui venait d'arriver dans le port de Navarin, avec
une flotte et des troupes de débarquement, elle se
croyait à la veille de soumettre entièrement les Grecs,
lorsqu'une étrange fatalité vint déjouer tous ses
calculs. L'Europe, au milieu de la paix, retentit
avec étonnement d'un combat naval qui sera à jamais mémorable, la flotte du pacha fut entièrement
détruite.

Jusqu'ici le divan avait montré beaucoup de mo-

(1) La réponse du divan, contenue dans sa note du 10 juin
1827, est remarquable par la force des argumens contre le droit
d'intervention réclamé par les puissances chrétiennes; c'est un
document à comparer aux déclarations publiées par les souverains, à Leybach.

dération, mais à la nouvelle du combat de Navarin, son indignation n'eut plus de bornes; il demanda aux trois puissances une éclatante satisfaction, l'abandon de la cause des Grecs, et une indemnité pour les pertes qu'il venait d'essuyer.

Toutes ces demandes furent refusées. On vit ainsi les Grecs se relever au moment même où leur cause paraissait le plus désespérée. Le comte Capo d'Istria, ancien membre du cabinet russe, fut placé à la tête du gouvernement de la Grèce, du consentement des puissances, et avec l'assurance de la haute protection de l'empereur Nicolas. Enfin la Russie déclara la guerre à la Porte, et une armée russe passa le Pruth.

Tandis que la Porte en était aux prises avec la Russie, le sultan reçut, dans son camp, la nouvelle du débarquement d'une division française en Morée.

La France, par une convention signée à Londres le 16 novembre 1828, s'était engagée à faire cette expédition militaire pour aider les Grecs à chasser les Turcs et les Egyptiens de la Morée.

Le sultan, abandonné de tout le monde, accablé de malheurs, fut enfin obligé d'acheter la paix par d'énormes sacrifices. La souveraineté de la Porte sur la Moldavie, la Valachie et la Servie, devenait purement nominale; les deux premières principautés, ainsi que la forteresse de Silistrie, devaient être occupées par les Russes pour garantir le paiement des indemnités de guerre.

Tel fut le traité signé à Andrinople, le 14 septembre 1829. Dès lors la Porte dut renoncer à tout espoir de soumettre la Grèce; il ne fut plus question que de fixer les limites de ce nouvel État.

Mais la question grecque n'est pas encore terminée, que d'autres convulsions politiques viennent ébranler l'Europe.

L'abus inconsidéré du pouvoir, de la part du ministère français, fait tomber Charles X, et l'innocent héritier de la couronne est puni des fautes de ses pères : l'empire des circonstances porte sur le trône une autre branche de la maison des Bourbons, et un gouvernement populaire, peu en harmonie avec les gouvernemens des autres puissances continentales de l'Europe, s'établit en France.

D'après les principes proclamés par les cabinets du Nord, il n'y aurait jamais eu de plus puissant motif pour une prompte intervention armée; cependant ces cabinets abandonnent la cause de la légitimité, ils reconnaissent le nouveau gouvernement révolutionnaire et la nouvelle dynastie : ils avaient soutenu Ferdinand VII, après lui avoir reproché ses torts; ils abandonnent Charles X, après l'avoir poussé vers l'abîme.

En Italie, une révolution éclate dans les États de Modène et de Parme : cette révolution s'étend dans les légations et fait de rapides progrès dans toute la Romagne. Les gouvernemens de tous ces petits États ne peuvent pas se soutenir par eux-mêmes;

mais l'Autriche se charge, comme à l'ordinaire, d'étouffer la révolte par la force armée.

D'un autre côté, la Belgique, ce pays qui est peut-être le mieux peuplé et le plus florissant de l'Europe, devient le théâtre d'une nouvelle révolution : ici, l'Angleterre renonce encore une fois aux principes qu'elle avait si hautement professés en 1822, et au lieu de condamner toute intervention armée dans les affaires du royaume des Pays-Bas, elle se réunit à la France pour soutenir les insurgés. Les grandes puissances du Nord souffrent en paix le triomphe de la révolution belge, et consentent à l'érection d'un nouveau corps politique.

L'Europe est étonnée de l'audace des Polonais, qui renouvellent une lutte trop inégale contre leurs maîtres : elle les admire ou les plaint, et finit par les abandonner à leurs tristes destinées.

Dans cette bizarre série de contradictions, le gouvernement français n'est pas resté en arrière, on peut même dire qu'il a surpassé tous les autres cabinets; c'est ce que nous verrons dans le chapitre suivant.

CHAPITRE IV.

—

Des interventions armées de la France.

Le gouvernement français a eu recours à l'emploi de la force armée, en 1822, pour détruire le régime constitutionnel des cortès, en Espagne.

Le gouvernement français a eu recours à l'emploi de la force armée, en 1828, pour soutenir la révolution de la Grèce.

Le gouvernement français a proclamé, en 1830, le principe de non intervention; mais, immédiatement après, il a usé de toute son influence, il a même eu recours à l'emploi de la force armée pour soutenir la révolte d'une partie des habitans du royaume des Pays-Bas, contre leur gouvernement.

Le gouvernement français, après avoir entièrement abandonné les révolutionnaires d'Italie, à l'intervention autrichienne, en 1831, comme en 1821, a fini par donner lui-même un nouveau petit essai d'intervention armée, dans l'occupation d'Ancône.

Enfin, le gouvernement français n'a fait aucune

démarche sérieuse en faveur des Polonais, ni pour soutenir leurs efforts, ni pour mitiger les funestes conséquences de leur dernière révolution.

Ces contradictions du gouvernement français méritent d'être expliquées.

§ I.

Intervention française en Espagne.

La constitution des cortès avait repris son empire en Espagne, précisément lorsque l'autorité royale cherchait à s'affermir et à se rendre indépendante en France. Les gouvernemens des deux nations voisines marchaient donc vers un but opposé.

L'introduction du système représentatif en Espagne ne pouvait être vue que de très mauvais œil par le cabinet français.

Une maladie contagieuse avait servi de prétexte à un cordon sanitaire qui, malgré les pacifiques déclarations du gouvernement français, couvrait d'autres desseins politiques (1).

La France, humiliée en 1814, avait essayé en

_____

(1) Peu de temps avant l'expédition française en Espagne, le ministre de l'intérieur déclarait encore à la France que le *gouvernement français n'avait aucune intention de s'immiscer dans les affaires des gouvernemens voisins.*

Les personnes attachées à la cour se bornaient à faire les

vain de se relever en 1815 : occupée militairement et sous l'influence de l'étranger, elle avait reçu deux fois ses anciens maîtres. Ceux-ci s'étaient présentés à la nation, tenant d'une main la promesse de l'oubli du passé, et de l'autre un code de libertés politiques ; un sentiment de générosité et un simulacre de liberté firent d'abord illusion au peuple français ; mais tout devait bientôt reprendre sa place naturelle.

La France jouissait enfin des bienfaits de la paix, elle voyait son industrie prospérer, sa population s'accroître avec ses ressources ; cependant une sombre inquiétude agitait encore tous les esprits. Une lutte, d'une nature bien plus grave que cette opposition qui paraît être un élément nécessaire à tous les gouvernemens représentatifs, paralysait l'énergie du pouvoir souverain. Le gouvernement était chancelant, incertain, craintif à l'intérieur, et la nation, appelée à jouer un si beau rôle, dans le système politique de l'Europe, demeurait sans considération et sans influence dans les affaires du dehors.

La réunion sincère de la France, telle qu'elle sortait de la révolution et de la conquête, *à son roi*, tel qu'il revenait lui-même de l'exil, ne pouvait s'opérer que par une complète métamorphose dans l'une des deux parties.

plus grands éloges d'un gouvernement qui préservait la France de la fièvre jaune et de la peste révolutionnaire.

Mais il était impossible à la France de se reporter en arrière de vingt-cinq ans, d'oublier les vicissitudes qu'elle avait éprouvées, de compter pour rien les grands changemens qui s'étaient effectués ; il fallait donc que le roi fît un effort pour se placer au niveau de la France actuelle, pour s'identifier avec sa nouvelle manière d'être et avec ses nouveaux intérêts. Peut-être que le roi n'avait pas toute la force d'esprit nécessaire pour redevenir complètement français, ou qu'un honorable sentiment, envers ses compagnons d'infortune, l'en empêchait; peut-être que la charte elle-même, qui, loin de concilier les esprits, n'avait fait que mettre les partis en présence, y mettait le plus grand obstacle.

Dans ces circonstances, le gouvernement crut pouvoir se relever par une expédition militaire qui, donnant le change à l'ambition nationale, aurait contribué à consolider le trône.

Mais il ne fallait pas beaucoup de pénétration pour voir que le cabinet français ne faisait que servir les desseins de ces mêmes puissances étrangères qui, naguère, avaient envahi la France : par conséquent l'expédition d'Espagne, au lieu de contribuer à consolider le pouvoir royal, devait enfin réagir sur l'esprit public en sens contraire.

Cependant le ministère s'empressa d'aller au devant des désirs de ses alliés du Nord. On vit monsieur de Montmorency, au congrès de Vérone, faire lui-même les avances et proposer des ques-

tions que les autres cabinets n'auraient probablement pas osé mettre sur le tapis (1).

Il n'est pas besoin de dire quelle fut la réponse
des puissances : elles s'engagèrent à retirer leurs
légations de Madrid, aussitôt que la France retire-
rait la sienne ; à prendre une attitude guerrière,
dans le cas où la France serait entraînée dans une
guerre contre l'Espagne ; enfin à donner à la France
un appui moral et des secours effectifs, en cas de
nécessité. Au reste, il fut décidé *qu'on laissait à la
France, qui possédait des forces et des ressources
suffisantes, le soin de soutenir le parti royaliste qui
avait pris les armes contre les cortès, et la conduite
entière de la guerre.*

Bientôt les puissances ordonnèrent les premières
le rappel de leurs légations de Madrid, et les questions éventuelles proposées par monsieur de Montmorency furent regardées *comme des conditions stric-
tement obligatoires* pour la France.

---

(1) Voici les questions présentées par M. de Montmorency
au congrès de Vérone, dans sa note du 29 septembre 1822.

1° Dans le cas où la France serait forcée de retirer son ministre d'Espagne, les autres puissances suivraient-elles son
exemple ?

2° Dans le cas où la France serait entraînée dans une guerre
contre l'Espagne, quelle attitude les alliés seraient-ils disposés
a prendre ?

3° Dans le cas où la France demanderait l'assistance des
alliés, lui serait-elle accordée ?

Monsieur de Montmorency s'était engagé, disait-
il, sous sa responsabilité personnelle, à suivre la
même ligne que les grandes puissances continentales. L'Angleterre offrit en vain sa médiation, elle
fut refusée, sous le prétexte qu'*il ne s'agissait pas de
la France et de l'Espagne, mais d'une question européenne; qu'en conséquence de cette opinion, les mesures
qui avaient pour objet de faire, s'il était possible, une
amélioration dans l'état d'un pays si intéressant pour
l'Europe, avaient été proposées : mesures dont le succès aurait été certain, si l'Angleterre avait jugé qu'elle
pût y concourir.*

Enfin le gouvernement français se décida à intervenir à main armée dans les affaires d'Espagne...
Mais, chose étonnante! se mettant en contradiction
avec lui-même, il voulut avoir l'air de s'écarter des
principes proclamés par les autres puissances.

Si les souverains du Nord, dans leurs illusions,
avaient rattaché l'intervention armée à un principe
d'ordre général et de justice universelle, on devait leur savoir gré de leurs intentions; mais le
gouvernement français rendait plus odieux le prétendu droit d'intervention, lorsqu'il voulait le rap-
porter exclusivement à ses propres intérêts.

La seule communication officielle qui ait précédé
l'invasion de l'armée française en Espagne, est une
note présentée de la part du gouvernement français
au gouvernement espagnol, par M. le comte de La
Garde, chargé d'affaires du roi de France à Madrid,

avant de quitter sa légation. Cette note, quoique conçue dans des termes plus mesurés, est cependant moins intelligible encore que les notes présentées, à la même occasion, de la part des cabinets de Vienne, de Pétersbourg et de Berlin.

On y parle d'un simple droit de précaution que le gouvernement espagnol ne contestait pas au gouvernement français.

On y dit *que le gouvernement du roi de France est intimement uni avec ses alliés, dans la ferme volonté de repousser, par tous les moyens, les principes et les mouvemens révolutionnaires; que la France ne se relâchera en rien des mesures préservatrices qu'elle a prises, tant que l'Espagne continuera à être déchirée par des factions.* Cela paraissait exclure toute idée d'intervention armée.

On y déclare enfin *que les précautions de la France ont paru justes à ses alliés, et que les puissances ont pris la résolution de s'unir à elle, pour l'aider, s'il en était jamais besoin, à maintenir sa dignité et son repos.* On suppose ici le cas d'une agression de la part de l'Espagne, ou ce paragraphe est inexplicable.

Il est difficile de voir dans cette note des intentions hostiles, si ce n'est dans les dernières lignes, plus particulièrement adressées par le cabinet français à M. de La Garde lui-même : *Le gouvernement ne balancera pas à vous rappeler de Madrid et à chercher ses garanties dans des dispositions plus efficaces, si ses intérêts essentiels continuent à être compromis, et s'il*

perd l'espoir d'une amélioration qu'il se plaît à atten-
dre des sentimens qui ont si long-temps uni les Espa-
gnols et les Français dans l'amour de leur roi et
d'une sage liberté.

Le gouvernement français invitait donc le gouvernement espagnol à faire des améliorations indéfinies; il n'assignait pas même un terme pour ac-
céder à cette invitation ; il ne disait pas de quelle
nature seraient les dispositions efficaces qu'il se
proposait de prendre ; mais si l'on doit en juger
par le fait, le ministère français, de son propre
aveu, ignorait quelles étaient les améliorations à
faire; il perdit tout espoir d'amélioration, en deux
mois à peu près, et les dispositions efficaces qu'il
avait annoncées consistaient dans l'entrée d'une
armée de cent mille Français en Espagne, pour détruire le gouvernement des cortès.

Mais le roi de France déclara avec plus d'ingénuité,
dans son discours à l'ouverture des Chambres, que
si la guerre était inévitable, elle cesserait dès que le
roi Ferdinand serait libre de donner à l'Espagne des
institutions qu'elle ne peut tenir que de lui. C'était
rattacher les intérêts essentiels de la France au pouvoir plus ou moins étendu d'un roi voisin, à la condition plus ou moins libre d'un seul individu, dans
un État étranger.

Le gouvernement français demandait donc aux
constitutionnels d'Espagne de désavouer la constitution de Cadix ; il leur demandait de laisser Ferdinand

en liberté de faire le bien ou le mal, de le laisser maître de leurs fortunes et de leurs vies, de recevoir de lui les institutions qu'il voudrait bien leur donner, ou, s'il ne leur en donnait point, de se soumettre à son pouvoir absolu.

C'est ainsi que le gouvernement français annonçait à la France la résolution d'ajouter le fléau de l'intervention armée à tous les autres malheurs de l'Espagne.

Les ministres demandaient aux Chambres un crédit de cent millions pour exécuter cette entreprise militaire; et monsieur de Châteaubriand s'efforçait de devenir publiciste pour la justifier à la tribune.

Le ministre, entraîné par une brillante imagination, a trahi ses nobles sentimens et ses vœux pour la liberté des peuples (1); il s'est écarté des grands principes qui se lient au maintien de l'ordre social; il a soutenu, à la face de la nation française, la pernicieuse théorie de l'égoïsme politique.

Les discussions de la chambre des députés, sur

(1) Nous ne considérons ici le discours de M. de Châteaubriand que comme un document historique et caractéristique de son époque. Nous pensons, du reste, que c'est une de ces malheureuses aberrations, inséparables de la nature humaine, même dans les cœurs les plus généreux. Dans la vie politique et littéraire de M. de Châteaubriand, tout respire l'amour de l'indépendance : il n'a pas craint d'avouer hautement toute sa sympathie pour la cause des malheureux Polonais; c'est un démenti formel à ceux qui voudraient le signaler comme l'ennemi des libertés de l'Espagne.

une question si grave, ont prouvé que la France est bien loin encore de cette sage liberté dont elle paraît vouloir donner la mesure.

Il faut chercher dans un discours oratoire, prononcé au milieu d'une tumultueuse assemblée, les motifs d'une guerre évidemment injuste.

Une courte analyse de ce discours rendra plus sensible la vérité des principes exposés au premier chapitre de cet essai.

Monsieur de Châteaubriand divise les publicistes en deux classes : ceux qui rattachent le droit d'intervention au droit naturel, et ceux qui ne le croient que dans le droit civil.

Ceux, dit-il, *qui ont rattaché cette grande question au droit naturel, tels que Bacon, Puffendorff, Grotius, et tous les anciens, ont pensé qu'il est permis de prendre les armes, au nom de la société humaine, contre un peuple qui viole les principes sur lesquels repose l'ordre général, de même que dans un état particulier, on punit les perturbateurs du repos public.*

Ceux qui voient la question dans le droit civil soutiennent, au contraire, qu'un gouvernement n'a pas le droit d'intervenir dans les affaires intérieures d'un autre gouvernement.

Les premiers placent le droit d'intervention dans les devoirs, et les derniers dans les intérêts (1).

Après avoir débité cette étonnante doctrine, M. de

(1) On a vraiment de la peine à comprendre ces dernières lignes : puisque, d'après M. de Châteaubriand, Bacon, Puffen-

Châteaubriand se range du parti des derniers (1).

Mais, continue-t-il, *lorsque ces politiques modernes eurent repoussé le droit d'intervention, en sortant du droit naturel, pour se placer dans le droit civil, ils se trouvèrent très embarrassés;* quant à lui il se tire d'embarras avec une extrême facilité : *Nul gouvernement*, dit-il, *n'a le droit d'intervenir dans les affaires intérieures d'une nation, excepté dans le cas où la sûreté immédiate et les intérêts essentiels de ce gouvernement sont compromis.*

C'est ainsi que M. de Châteaubriand, mettant en opposition deux maximes qui, loin d'être contradictoires, sont également vraies ; confondant toutes les idées de droit, de devoir, d'intérêt, va jusqu'à méconnaître le principe de justice universelle que Dieu a placé dans le cœur de l'homme ; car, s'il en admettait l'existence, il serait plus inexcusable encore, en soutenant qu'un gouvernement qui ne croit pas sa sûreté immédiatement compromise, ne doit jamais lever une main contre la violation des principes sur lesquels repose l'ordre social (2).

dorff et Grotius, disent *qu'il est permis* de prendre les armes, ils parlent évidemment d'un *droit dont l'exercice est toujours facultatif*, et non pas d'un *devoir dont l'accomplissement est toujours obligatoire ;* ce sont au contraire les publicistes de la dernière classe qui, d'après M. de Châteaubriand, font un devoir *de la non intervention.*

(1) Ceci était en contradiction avec toutes les précédentes déclarations du cabinet français.

(2) Le ministère français de la restauration avait déjà donné

On ne veut pas examiner ici les doctrines politiques de Bacon, de Puffendorff, de Grotius ; il suffit
de s'en tenir aux principes d'ordre général, tels
que M. de Châteaubriand les a énoncés. « *Ce serait,*
dit-il, *un principe continuel d'hostilités, un principe
dont chaque homme en pouvoir serait juge.* » Ici, le
ministre a confondu le fait avec le droit, la force
avec la justice. Un pareil événement s'applique à
tous les cas possibles, soit d'ordre partiel, soit d'ordre général : cette difficulté ne veut rien dire, c'est
comme si l'on voulait prouver qu'il n'y a point
de droit des gens, parce que la Pologne a été par-
tagée.

Mais, ni Bacon, ni Puffendorf, ni Grotius, n'ont
jamais entendu rattacher un principe d'ordre général et de justice universelle, à l'arbitraire d'un
roi ou d'un ministre.

D'un autre côté, la maxime, *qu'un gouvernement
n'a pas le droit d'intervenir dans les affaires intérieures d'une autre nation,* n'en est pas moins vraie ; elle
est nécessaire à la conservation des principes sur
lesquels repose l'existence séparée et indépendante
des corps politiques ; non seulement cette maxime
n'est pas en contradiction, mais elle est parfaitement en harmonie avec le grand principe conservateur des anciens publicistes.

l'exemple d'une semblable opinion, en déclarant qu'il ne re-
connaissait aucun droit, ni à l'Angleterre, ni aux autres puissances, d'insister sur l'abolition de la traite des nègres, en France.

Après tout, qu'on place le prétendu droit d'intervention dans *le droit naturel* ou dans ce que M. de Châteaubriand appelle *le droit civil;* qu'on le place dans les devoirs ou dans les intérêts, la difficulté de l'arbitraire n'en subsiste pas moins. Les princes ambitieux ou peu éclairés, les ministres inhabiles ou corrompus, peuvent juger aussi mal des intérêts que des devoirs des gouvernemens.

Mais heureusement M. de Châteaubriand n'a consacré que peu de lignes aux principes de droit.

Passons à cette partie de son discours qui aurait pu faire supposer que le gouvernement espagnol avait commis des actes d'hostilité contre la France.

Plusieurs de nos vaisseaux marchands, dit M. de Châteaubriand, *ont été pillés, et nous n'avons pas, comme l'Angleterre, les moyens de force maritime pour obliger les cortès à nous indemniser de nos pertes.* Ici le ministre faisait tort à la marine française et condamnait les cortès gratuitement.

Nos vaisseaux, poursuit-il, *repoussés des ports d'Espagne, notre territoire violé trois fois, sont-ce là des intérêts essentiels?*

Si ces assertions étaient vraies, il en serait résulté un droit légitime de guerre; mais il est à remarquer qu'on n'avait point parlé de ces griefs dans la note adressée à M. le comte de La Garde; il est encore généralement convenu de demander, en pareil cas, des explications préalables et une juste satisfaction; et dans la situation où se trouvait l'Espagne, on devait s'attendre à ce que les cortès se seraient empressées de faire droit aux réclamations de la France.

La France ne pouvait donc alléguer en sa faveur, ni le droit d'intervention, ni le droit de guerre.

Cependant M. de Châteaubriand, dans l'intention de rendre plus odieuse la révolution d'Espagne, a voulu la comparer à la révolution française; mais ces deux révolutions n'ont rien de commun.

La fameuse déclaration de White-Hall, dont M. de Châteaubriand a prétendu s'appuyer, ne prouve rien, ou bien prouve contre lui.

La France avait déclaré la guerre à l'Angleterre depuis plus de neuf mois; l'Angleterre pouvait par conséquent publier, dans une déclaration officielle, son opinion sur la situation de la France; et ce n'était pas sans raison qu'elle s'élevait contre ces anarchistes *qui disposaient arbitrairement du sang des Français pour troubler le repos des nations.*

En effet, la France avait déjà envahi la Savoie, le comté de Nice, une partie de la Belgique et le pays de Liége; elle avait publié des manifestes incendiaires contre l'Angleterre, l'Autriche, la Hollande et l'Espagne; elle se trouvait alors, comme elle s'est trouvée ensuite sous l'empire de Napoléon, en lutte avec presque toutes les puissances de l'Europe.

Pas une de ces circonstances ne s'était vérifiée depuis 1819 à la charge de l'Espagne. Le gouver-

nement des cortès ne voulait que la paix, et il
ne demandait aux autres gouvernemens que leur
amitié.

Mais si la politique extérieure des deux nations
n'admet point de comparaison, leur situation intérieure présente une différence plus frappante encore.

« Jamais révolution ne coûta moins de sang et de
larmes que celle d'Espagne. » Cette remarque appartient à lord Liverpool. — Non, ces Espagnols,
qui n'ont pris les armes que pour la délivrance de
leur patrie, et qui n'ont cessé d'honorer leur roi,
même en cherchant à limiter son pouvoir, ne sauraient être comparés à ces hommes de sang qui
ont fait périr leur roi sur l'échafaud, et qui ont
rempli de deuil et de larmes la France entière.
Non, Louis XVI qui, après avoir déployé sur le
trône les vertus d'un citoyen, montra dans les fers
toute la grandeur d'un roi, Louis XVI, qui, condamné à perdre la vie par un peuple qu'il chéris-
sait, expira en faisant des vœux pour le bonheur et
pour les libertés de la France, ne saurait être comparé à ce Ferdinand qui, après avoir oublié dans sa
captivité la dignité d'un roi d'Espagne, ne monte
sur un trône reconquis par son peuple, que pour
renouveler les terreurs de l'inquisition, et pour se
déclarer l'ennemi des libertés nationales.

Si M. de Châteaubriand voulait s'aider de l'exemple de l'Angleterre, il ne devait pas le faire par un

rapprochement forcé, mais il devait suivre les principes avoués devant le parlement (1) par le ministère
anglais, à l'occasion des déclarations des souverains
alliés en 1821 ; il devait répéter avec lord Liverpool:
« Mais, si nous nous rappelons maintenant quel est
» l'esprit de notre constitution, également éloignés
» du despotisme et des excès révolutionnaires, nous
» devons avouer que, dans cette lutte, la neutralité
» est le seul parti qui nous convienne.»

(1) « Personne ne peut déplorer plus que moi, disait lord Li-
» verpool, les principes généraux mis en avant dans la décla-
» ration des alliés. On ne voit que trop qu'il existe aujourd'hui
» dans le monde deux principes hostiles. La publication de la
» déclaration est l'acte le plus impolitique et le plus mal ima-
» giné de la part des alliés : jusqu'alors on pouvait douter de
» ce conflit de deux principes extrêmes ; mais la déclaration
» avoue malheureusement le principe d'étouffer toutes les révo-
» lutions, sans distinction, sans motif, sans justification. »
Lord Londonderry s'exprimait en ces termes : « Dans tous
» les cas, il ne peut exister en Europe aucun doute sur les sen-
» timens de l'Angleterre; et je déclare sans scrupule que je dés-
» avoue les principes émis dans les documens dont il s'agit. Je
» ne puis reconnaître qu'une puissance ait le droit de se mêler
» des affaires d'une autre puissance, parce que celle-ci a fait
» dans son gouvernement des changemens désapprouvés par la
» première. Il n'est pas permis de s'ériger ainsi en tribunal
» suprême, pour juger les affaires d'autrui, sans s'arroger
» un pouvoir qui est à la fois contraire aux lois des nations et
» aux règles du sens commun. Je pense donc qu'en faisant
» adopter aux monarques des principes contraires à la saine
» politique, on leur a donné un mauvais conseil. »

En suivant l'exemple du ministère anglais, M. de Châteaubriand devait faire plus, il devait distinguer la révolution espagnole des révolutions qui s'étaient opérées ensuite en Italie ; il devait reconnaître une différence, entre *la révolution d'Espagne, causée par la faute du gouvernement, et celle de Naples, qui paraissait être l'ouvrage d'une simple faction* (1).

Enfin, M. de Châteaubriand était encore moins conséquent lorsqu'il disait : *assez de libertés nationales reposent dans les lois des anciennes cortès d'Aragon et de Castille, pour que les Espagnols y retrouvent à la fois un remède contre l'anarchie et le despotisme.*

Mais à quelle époque de l'histoire d'Espagne voulait-il remonter, ou bien, quels exemples voulait-il proposer aux Espagnols ? — Entendait-il parler de la célèbre union contre Jacques Ier, Alphonse III et Pierre IV? Voulait-il rappeler ces temps où les officiers même de la maison du roi étaient nommés par les cortès, où un chef de justice à vie veillait, comme les éphores de Sparte, sur les intérêts du peuple, ayant le droit d'examiner la conduite du monarque, pouvant empêcher l'exécution des ordonnances royales, sans être responsable qu'envers les cor-

(1) Ces mots servent à expliquer une prétendue contradiction dont les journaux français ont fait, dans le temps, beaucoup de bruit. On se demandait, avec un air de triomphe, pourquoi le ministère anglais, n'ayant fait aucune déclaration contraire à l'expédition de Naples, pouvait manifester tant d'opposition à l'expédition d'Espagne?

tès, qui seules le nommaient et qui seules pouvaient le déposer? —Voulait-il rappeler ces temps où l'on contestait au roi la faculté de dissoudre les assemblées nationales, ces temps où les cortès de Castille déposaient publiquement leur roi et en nommaient un autre, où les cortès et le peuple aragonais repoussaient avec tant de vigueur les terreurs de l'inquisition?

Ou plutôt, M. de Châteaubriand, voulant justifier l'emploi de la force armée étrangère au soutien du pouvoir absolu, entendait-il rappeler aux Espagnols comment Pierre IV, abusant d'une force mercenaire, détruisit les libertés de l'Aragon, et se fit, dit-on, une blessure à la main pour effacer de son sang royal ces mêmes privilèges qu'il avait si solennellement jurés? M. de Châteaubriand voulait-il rappeler ces temps où Ferdinand et Isabelle dépouillèrent les nobles de leurs privilèges, les communes de leurs droits? Voulait-il rappeler aux Espagnols les destinées des anciennes cortès de Castille? — Il y avait, en 1390, quatre-vingt-cinq députés des communes; il n'y en avait plus que dix-huit en 1505!

Mais au fond il ne peut plus être question aujourd'hui de restaurer les anciennes libertés de la Navarre, de l'Aragon, de la Catalogne, de la Castille; ce serait morceler l'Espagne en autant de royaumes divers: il faut au contraire donner un même intérêt à tous les Espagnols; il faut les rattacher par un seul lien; il faut en former un seul tout,

et le consolider par des institutions qui ne sauraient être ni l'ouvrage du despotisme, ni celui
d'une faction,

Quoi qu'il en soit, cent mille Français ont passé
les Pyrénées : cette armée n'a combattu ni pour la
liberté, ni pour la patrie, ni pour le roi ; elle a
grossi les rangs des partisans du pouvoir absolu,
pour égorger les partisans d'une autre forme de
gouvernement.

Le succès de l'entreprise n'en prouve pas la justice ; il ne prouve pas non plus que la majorité de
la nation espagnole ait une répugnance invincible
pour un gouvernement constitutionnel ; car, en ce
dernier cas, il n'eût pas été nécessaire d'employer
une force armée étrangère aussi considérable pour
aider le plus grand nombre contre le plus petit. On
sait d'ailleurs qu'une prétendue régence n'avait pu
se soutenir à l'extrême frontière, et qu'elle était devenue un objet de mépris, même *pour les partisans
de la foi :* ainsi le gouvernement des cortès avait
triomphé, malgré l'animadversion de la France et
les manifestes hostiles des puissances du Nord.

L'armée envahissante n'ayant pas en vue la conquête du pays, mais agissant en faveur d'un parti
espagnol, n'a pas vu sans doute le peuple se lever
en masse contre elle, comme du temps de Napoléon ;
il en serait de même, dans le cas où les partisans
des cortès reparaîtraient sur la frontière, aidés par
une armée de cent mille Français, n'ayant en vue

que le rétablissement du gouvernement constitutionnel (1).

Le roi Ferdinand n'a jamais eu plus de crainte pour sa couronne, qu'après avoir été mis en liberté; il ne s'est pas cru en sûreté au milieu des Espagnols; le parti opprimé n'a jamais cessé de lui donner des inquiétudes, et on a vu le parti triomphant arborer lui-même le drapeau de la révolte.

(1) Le gouvernement constitutionnel a reparu dans la Péninsule, *sans le secours de la force armée étrangère ;* mais le roi Ferdinand a légué à l'Espagne une reine-enfant et un prétendant au trône. Les partisans du pouvoir absolu n'ont pas eu la force de placer sur le trône le prétendant, mais ils ont réussi à allumer la guerre civile.

L'Angleterre et la France prêtent leur appui moral à la reine-constitutionnelle ; les grandes puissances du Nord prêtent le leur au prétendant absolu : il n'y a pas à la vérité d'intervention armée ni d'un côté ni de l'autre, mais il y a une intervention cachée d'une nature plus basse et plus révoltante encore : on cherche des deux côtés à prolonger le désordre, chacun dans l'espoir de gagner du terrain.

Dans cet état de choses, si la France veut agir noblement et conserver son influence morale à l'étranger, elle doit se montrer prête à expier, par une guerre franche et loyale, le mal immense qu'elle a fait à l'Espagne et à l'Europe, par son intervention de 1822. Plus elle reculera devant la guerre, plus les autres puissances prendront un ton menaçant; et plus elle se montrera disposée à combattre, plus les autres cabinets reculeront devant la guerre : c'est un jeu que la France ne paraît pas assez comprendre, et auquel elle n'a fait jusqu'ici que des pertes.

Les Français, par leur bravoure personnelle, leur modération et leur humanité, ont un peu racheté la honte du ministère ; mais, pendant les sept années que dura l'occupation française, l'Espagne n'en fut pas moins en proie aux fureurs de la superstition, aux excès et aux vengeances de parti.

Les Français quittèrent Cadix et l'Espagne en 1828, mais ils ne traversèrent plus le pays en libérateurs. Accueillis avec froideur et avec méfiance, détestés par le parti qui leur devait ses triomphes, ils furent suivis partout des murmures du peuple espagnol.

La France supporta tous les frais de cette expédition ; elle n'en fut dédommagée que par la simple fixation d'une créance fort au-dessous des énormes sacrifices qu'elle avait faits, et sans autre garantie que la bonne foi d'un gouvernement chancelant et plein d'embarras.

En attendant, toutes les plaies de l'Espagne sont encore ouvertes, et ce ne sera probablement qu'après de terribles secousses, dont on ne saurait prévoir ni le nombre ni la durée, qu'elle pourra parvenir enfin à jouir d'un gouvernement sage et modéré (1).

(1) La liberté de l'Espagne est d'un bien plus grand intérêt pour la France que pour l'Angleterre ; cependant les événemens qui viennent de se passer en faveur du gouvernement constitutionnel, sont dus principalement à la politique anglaise. Mais qu'on y fasse bien attention, si le prétendant a succombé, l'Es-

§ 2.

Intervention française en Grèce.

Nous avons vu, dans le chapitre précédent, que l'Angleterre et la Russie avaient délégué l'intervention armée dans les affaires de la Grèce au gouvernement français.

Ce gouvernement s'était montré d'abord peu favorable à la cause des Grecs ; il avait commencé, en 1821, par louer la modération du gouvernement turc (1).

Ensuite, on vit l'ambassadeur de France quitter promptement Constantinople, en 1822, y retourner, en 1824, sans motif apparent.

Le fait est que le cabinet français, préoccupé de l'expédition d'Espagne, négligeait les affaires du Levant. En 1825, lorsque tout était en mouvement de ce côté de l'Europe, que la Russie menaçait la Porte, que les Grecs, désespérant de leur cause, se

pagne n'en est pas plus tranquille. Au fond il ne s'agit ni de don Carlos ni de Marie-Christine; la question qui s'agite aujourd'hui entre les Espagnols, est une question toute nationale, et elle n'est pas de nature à être résolue aussi promptement qu'on paraît le croire. En attendant, si la France comprend bien ses intérêts, elle a encore une noble mission à remplir, et une haute responsabilité pèse sur son gouvernement.

(1) Voyez la note du chargé d'affaires de France à Constantinople, en date du 16 du mois d'août 1821.

livraient à l'Angleterre, la France restait encore impassible : on y faisait des vers pour les Grecs, comme on en avait fait pour les patriotes espagnols qu'on venait d'écraser.

Enfin, ce ne fut qu'en 1826 que la France parut se réveiller de son sommeil; elle se hâta d'adopter les vues de l'Angleterre et de la Russie, et, par un nouveau traité, elle s'engagea à intervenir avec la force armée pour assurer la liberté de la Grèce.

Il est difficile de dire si le ministère français fut guidé, en cette circonstance, par des vues de haute politique; il y a cependant tout lieu de croire que, se voyant dépopularisé à cause de l'expédition d'Espagne, il saisit avec empressement cette occasion de donner aux libéraux français une direction conforme à leurs vœux (1).

Ce même prince de Polignac qui a signé les fatales ordonnances du 25 juillet 1830, signa pour la France les traités qui devaient amener le triomphe de la révolution de la Grèce.

En août 1828, une flotte française, ayant à bord quatorze mille hommes de troupes de débarquement, arriva en vue de Navarin.

---

(1) A cette époque on commença avec enthousiasme une souscription en faveur des Grecs. La Société de la Morale chrétienne, présidée par M. le duc de La Rochefoucauld, se fit le plus remarquer. Les royalistes et les libéraux s'empressaient, à l'envi, *de donner aux réfugiés grecs les moyens de rejoindre leurs frères et de délivrer leur patrie.*

Le débarquement s'effectua sans obstable, mais l'armée française eut beaucoup à souffrir du climat.

Cependant Navarin, Modone, Coron, Patras, tombèrent bientôt au pouvoir des Français.

Les Turcs ne rendaient pas les places à la première sommation, mais ils ne faisaient point de mouvement offensif; ils ne cessaient de répéter que la Porte n'était pas en guerre avec la France. Les Français abattaient les portes, ouvraient parfois quelque brèche, ou faisaient sauter quelque pont, et les garnisons turques finissaient par capituler. Le soldat français n'eut point de lauriers à cueillir dans cette singulière campagne.

La France s'était engagée à chasser de la Morée, par la force des armes, les Égyptiens et les Turcs, et ce but était rempli. Le cabinet français proposa de poursuivre et d'expulser les Turs de l'Attique et de la Livadie; mais l'Angleterre s'y opposa, et les Français restèrent tranquilles (1).

Un tiers des troupes de l'expédition et tous les malades furent rembarqués et ramenés en France; le reste continua son séjour dans la Morée pour empêcher les partisans grecs de détruire l'ouvrage de l'intervention armée.

(1) Les puissances paraissaient voir avec jalousie le séjour prolongé des troupes françaises dans la Grèce. Le gouvernement français donna des ordres réitérés pour l'évacuation de la Morée; mais le président Capo d'Istria parvint à obtenir la suspension de ces ordres, dont l'exécution aurait perdu la Grèce.

Mais cette intervention coûta à la France d'immenses sacrifices, sans aucun dédommagement.

Sans compter les frais nécessaires pour l'équipement d'une flotte et pour l'entretien des troupes, le gouvernement français avait débuté par une dépense de quatre millions et demi pour les transports d'armes, munitions et secours en argent; plus, deux cent cinquante mille livres, pour racheter quelques esclaves grecs.

Le comte Capo d'Istria, président du gouvernement provisoire de la Grèce, déclarait publiquement que *les circonstances ne permettant pas aux cours de Londres et de Pétersbourg de fournir leurs contingens, le roi de France s'était chargé seul de cette expédition.*

En même temps que cette déclaration paraissait devoir flatter la vanité du gouvernement français, elle pouvait être regardée par la France comme une véritable satire.

Mais le gouvernement français ne se lassait pas de prodiguer les trésors de la nation, sous l'influence des cours étrangères; à un subside de 8,000,000 de piastres, succéda un engagement de compter au gouvernement provisoire de la Grèce, 100,000 fr. par an, et de fournir en sus des chevaux et tout ce qui était nécessaire pour le matériel de l'armée.

Toutes ces prodigalités n'étaient rachetées que par une vaine gloriole de parti, ou par quelques morceaux de littérature; on ne cessait de parler d'une expédition *faite avec tant de franchise, de no-*

blesse et de désintéressement. Les amateurs de la philosophie et de la littérature ancienne, les admirateurs des républiques de l'ancienne Grèce, s'extasiaient sur la régénération de la Grèce moderne (1).

§ 3.

De la politique suivie par le cabinet français, après la révolution de juillet , en 1830.

Il n'y avait pas encore deux ans que les troupes françaises avaient quitté l'Espagne, lorsqu'une nouvelle révolution éclata au sein de la France. Tout paraissait annoncer un changement de direction dans le cabinet français.

En effet, le nouveau gouvernement proclama d'abord le principe de non intervention. Nous verrons bientôt que ce ne fut qu'une déclaration illusoire ; mais ce qu'il y a de plus grave dans la conduite de ce gouvernement, c'est qu'il fit cette déclaration de manière à laisser supposer qu'il était dans l'intention de repousser avec la force toute intervention armée étrangère, dans les affaires intérieures d'une nation quelconque.

La France attirait en ce moment les regards de toute l'Europe : des feux qu'on avait cru éteints, et

(1) Ceci n'empêchait pas que dans tous les protocoles on ne reconnût la suzeraineté de la Porte, et qu'il ne fût toujours question de tributs à payer par la Grèce.

qui ne faisaient que couver sous la cendre, paraissaient à la veille d'éclater de nouveau ; si le gouvernement français ne voulait pas s'exposer à prendre des engagemens inconsidérés , il aurait dû développer d'une manière plus claire la nature de ses
principes.

On a vu (chap. Iᵉʳ) que chaque nation a le droit
de s'opposer, même avec la force, à toute intervention armée étrangère dans les affaires d'un État indépendant ; mais il y a une grande différence entre
la possession d'un droit et son exercice actuel. Dans
la complication des rapports politiques, il arrive souvent que l'utilité d'exercer un droit quelconque peut
être contestée ; en voici un exemple, puisé dans les
actes du gouvernement français lui-même : la France
avait, comme toute autre nation civilisée, un droit
incontestable à l'expédition d'Alger ; mais si cette
expédition convenait ou non à la France, dans les
circonstances où son gouvernement s'y est déterminé, c'est une question dont le jugement appartient
sans doute à la France, mais dont la solution n'est
peut-être pas sans difficulté (1).

(1) C'est ce que l'expérience a prouvé ; la question d'Alger
devient embarrassante pour la France.

C'est une curiosité politique que de voir le gouvernement de
1830, qui n'a fait que des expéditions *éphémères*, adopter avec
tant de persévérance l'expédition d'Alger. Cette expédition lui
a été léguée par le gouvernement de Charles X, et, malgré son
but apparent, elle était , en origine , principalement destinée à

D'après ces principes, le gouvernement de 1330 aurait dû faire sentir aux révolutionnaires que, tout en repoussant le prétendu droit d'intervention, il était loin de s'engager à les soutenir; d'un autre côté, il aurait dû faire sentir aux souverains qu'il était déterminé à user de son droit toutes les fois que l'exercice de ce droit serait jugé être dans les intérêts de la France et de l'Europe.

Or, il n'est pas douteux que les premières démarches de ce gouvernement, ou du moins celles qu'il a laissé faire en son nom, n'aient contribué à entraîner la Pologne dans un mouvement révolutionnaire.

faciliter un coup d'état qui n'a pas réussi; le gouvernement qui l'avait imaginée, a été renversé, et le gouvernement de 1830 pouvait profiter de sa position pour rendre cette entreprise moins onéreuse à la France, en dictant des conditions au dey d'Alger, en lui imposant des indemnités de guerre et en lui enjoignant de s'abstenir dorénavant de la piraterie. La marine française, chargée de l'exécution du traité, aurait suffi à cette noble tâche, et y aurait trouvé l'occasion de s'exercer au profit de l'humanité.

Maintenant, c'est différent : la question d'Alger est devenue une affaire d'honneur; il faut la vider, et les Français n'y manqueront pas. Mais, une fois cela fait, la France pourrait trouver son compte à imiter un peu la politique des Romains. Au fond, les guerres d'Alger ne peuvent pas être bien populaires en France; les Français ne sauraient mettre un grand amour-propre à combattre les bédouins; ils ne seront animés d'une ardeur vraiment nationale, que lorsqu'ils seront appelés à laver la honte de l'occupation étrangère.

Le gouvernement français n'avait aucun droit d'intervenir à main armée, ni en faveur des Polonais, ni en faveur des Russes ; d'ailleurs sa position lui rendait impossible toute intervention : on peut donc lui reprocher d'avoir contribué à exciter un mouvement qu'il ne pouvait et qu'il ne devait pas soutenir.

Mais ce qui est plus remarquable, c'est que ce gouvernement, malgré toutes ces déclarations, n'avait pas renoncé lui-même à l'intervention armée. Il n'agissait plus que d'une manière irrégulière, mais toujours sous la funeste influence des premières maximes (1) : pour s'en convaincre, on n'a qu'à jeter un regard sur sa conduite, au sujet des révolutions de la Belgique et de l'Italie.

L'intervention armée de la France en faveur des révolutionnaires de la Belgique, a été modifiée,

(1) Le ministère de la révolution de juillet, tout en professant des principes contraires au pouvoir absolu, voulait mettre un frein a la licence et modérer l'ardeur révolutionnaire : d'un autre côté, la politique hostile des puissances du Nord exigeait des ménagemens. De cette complication de circonstances est né ce *juste-milieu*, qui continue à fournir matière à tant de plaisanteries. A la vérité, si l'on peut aujourd'hui attacher un sens à ces mots, *juste-milieu*, il paraît qu'au lieu d'indiquer une sage modération, une conduite habile, prudente et ferme, ils ne servent qu'a exprimer l'adresse de faire autant de mal d'un côté que de l'autre, ou, tout au plus, un peu de bien et un peu de mal des deux côtés : il nous faut intervenir, puisque les autres interviennent ; cette manière d'argumenter s'est emparée aujourd'hui des gouvernemens, sous plus d'un rapport.

comme celles de l'Espagne et de la Grèce, par une
influence étrangère.

Mais il y a dans cette intervention quelque chose
qui caractérise plus particulièrement l'inconsé-
quence du cabinet français.

Le gouvernement de Charles X était du moins
conséquent avec ses principes, lorsque, dans le but
de relever le pouvoir de la couronne, il envoyait ses
armées rétablir le pouvoir absolu en Espagne; il
était également conséquent avec ses principes, lorsque, pour donner le change au parti libéral, il faisait, d'accord avec la Russie son alliée, l'expédition
de la Grèce.

Mais on voit ici un gouvernement révolutionnaire
souffrir en paix l'intervention étrangère pour étouffer les révolutions d'Allemagne et d'Italie, et tour-
ner ses armes contre le seul État voisin qui, jouissant d'une forme de gouvernement libérale, intéressé
plus que tout autre à la conservation de la paix, ne
serait jamais devenu l'ennemi de la France constitutionnelle, sans une si injuste provocation.

Le mouvement révolutionnaire en Belgique tenait
principalement à l'exaltation religieuse, et il est
difficile de concevoir comment le gouvernement
français put y trouver un motif d'intervention.

La France ne pouvait désirer l'intervention
qu'autant que la Belgique serait devenue une province française. Telles furent peut-être d'abord les
intentions du ministère; mais il plia bientôt devant

l'opposition des puissances étrangères. Les Belges eux-mêmes demandèrent leur réunion à la France, et le gouvernement français rejeta constamment leurs vœux : par cette conduite, il excita plus de plaintes et de murmures que s'il se fût abstenu de toute intervention.

Le nouvel État belge, ayant une forme de gouvernement contraire aux principes des puissances du Nord ; ayant de plus, pour ennemi naturel, le gouvernement constitutionnel de la Hollande, ne pouvait donner lieu qu'à une malheureuse complication dans les rapports politiques de la France : ce n'était qu'un embarras de plus pour le cabinet de Louis-Philippe.

Le prince appelé par l'influence étrangère à gouverner la Belgique, paraît sentir toute la difficulté de sa position. Les cabinets de Paris et de Londres ne l'abandonnent pas encore, mais ils auront bien de la peine à le soutenir.

Tandis que la France promenait ses armées en Belgique pour y soutenir la révolution, l'Autriche employait les siennes d'un bout à l'autre de la Péninsule italienne à étouffer tout mouvement révolutionnaire.

M. le comte Sébastiani disait en 1822 à la Chambre des députés : « *La France ne saurait voir sans inquiétude l'Italie occupée par l'Autriche, et elle doit faire ses efforts pour que cette presqu'île retrouve son indépendance.* »

Mais le député de la nation en 1822, devenu ministre en 1831, s'efforçait de persuader à la France qu'il n'était pas dans ses intérêts de s'opposer à l'intervention armée autrichienne, dans les affaires d'Italie.

Au fond, M. le comte Sébastiani ne raisonnait pas mieux, en 1831, que M. de Châteaubriand ne l'avait fait en 1822.

Un rapprochement frappant entre ces deux ministres, c'est qu'ils ont voulu tous deux s'appuyer de l'exemple de l'Angleterre ; mais un exemple n'est bon à citer qu'en parité de circonstances, et nous avons déjà essayé d'apprécier, sous ce point de vue, le raisonnement de M. de Châteaubriand.

Maintenant, M. le comte Sébastiani faisait sentir que l'Angleterre n'avait pas approuvé l'intervention française en Espagne, mais qu'elle ne s'y était pas opposée avec la force, et que la France pouvait aussi ne pas approuver l'intervention de l'Autriche en Italie, et cependant n'avoir pas recours aux armes pour s'y opposer.

Pour apprécier ce raisonnement, il n'y a qu'à comparer l'état de l'Angleterre, en 1822, à l'état de la France, en 1831.

L'Angleterre jouissait, en 1822, d'un ordre ferme et stable, depuis plus de cent trente ans ; il n'y avait plus de prétendant au trône, et il n'entrait dans l'esprit d'aucun souverain du continent, de chercher à changer ou à modifier la forme de son gouvernement.

M. Canning regardait l'expédition d'Espagne comme injuste en principe, il pensait aussi qu'elle était contraire aux intérêts de la France. Il s'est exprimé à cet égard avec un laconisme nouveau dans les annales de la diplomatie : c'était déjà beaucoup de sa part ; mais il aurait compromis les intéréts matériels de son pays, en se mettant en lutte contre la France et les autres puissances qui ne lui demandaient que son amitié.

Mais, en 1830, la révolution de Paris avait amené un changement de dynastie. La famille royale avait été forcée de s'exiler, et les députés du peuple avaient disposé de la couronne : c'était, aux yeux des puissances, un renversement complet de tous les principes monarchiques. L'exemple donné par la France était d'autant plus dangereux, que la fermentation des esprits était grande en Europe.

Si les cabinets, cédant à la nécessité du moment, ont reconnu le gouvernement de la révolution de juillet, ils n'ont cessé de mettre la plus grande réserve dans leurs relations diplomatiques avec le cabinet des Tuileries : à travers leurs démarches, on voit assez qu'ils reconnaissent, au fond de leur âme, d'autres droits à la couronne, et qu'ils n'attendent qu'une occasion favorable pour rendre une troisième fois son légitime maître à la France.

Le gouvernement français s'est donc trouvé, de-

puis 1830, dans un état d'isolement politique qui
ne peut se prolonger sans amener sa ruine : l'alliance
de l'Angleterre ne suffira pas pour le soutenir, s'il
ne parvient à se ménager, par une sage politique,
d'autres alliés sur le continent ; et cependant c'est
dans de telles circonstances que ce gouvernement,
renonçant à une politique aussi ancienne que la
France, abandonne l'Italie à la merci de l'Autriche.

Pour comble de contradiction, tandis que le gouvernement français violait le territoire du royaume
des Pays-Bas, pour soutenir les catholiques belges,
il violait, d'un autre côté, le territoire des États du
pape, sans la moindre provocation.

L'expédition d'Ancône remplira une page de plus
dans les annales de l'abus de la force.

On ne cherchera pas à pénétrer les desseins du
ministère français ; mais la France ne peut se dissi-
muler l'effet immédiat d'une démarche si extraordinaire.

Tout l'odieux de l'intervention autrichienne, sol-
licitée d'ailleurs par les gouvernemens d'Italie, se
reversait sur cette déplorable intervention française
qui n'avait été demandée par personne.

La cour de Rome fut justement indignée ; les révolutionnaires, enhardis par la présence des troupes
françaises, et poussés d'abord à des entreprises té-
méraires, furent livrés ensuite au gouvernement
pontifical. L'Autriche continua à exercer sa supré-
matie sur toute la Péninsule, avec d'autant plus

d'assurance, qu'elle gagnait en force morale d'un côté ce que la France perdait de l'autre (1).

Enfin le cabinet des Tuileries est, de tous les cabinets de l'Europe, celui qui a eu le plus souvent recours à l'intervention, et de la manière la plus contradictoire; les armées françaises n'ont été que l'instrument aveugle des puissances étrangères. Sous la

(1) Voilà des resultats bien fâcheux pour la France, et qui pourront avoir une grande influence sur son avenir. On a parlé des avantages de l'occupation d'Ancône, sous le rapport militaire, mais à supposer même que cette occupation se prolongeât jusqu'au moment d'une guerre, on ne voit pas trop de quelle utilité elle pourrait être, aux premières opérations d'une armée française qui descendrait les Alpes : ce sera toujours dans les plaines de la Haute-Italie que se livreront les combats décisifs, et si le sort des armes se montre ici favorable aux Français, ils se rendront toujours, sans difficulté, maîtres de toute la Péninsule ; en cas contraire, il leur faudra repasser les Alpes, et le petit corps d'armée qui se trouverait sur un point aussi éloigné du théâtre de la guerre que celui d'Ancône, serait perdu : dans tous les cas, ou la France est alliée avec l'Angleterre, et alors elle pourra toujours faire, avec un plus grand avantage, une diversion sur un point maritime plus rapproché du Piémont et de la Lombardie ; ou bien la France est l'ennemie de l'Angleterre, et alors, non seulement une semblable diversion deviendrait à peu près impossible, mais encore il ne resterait à la division française qui serait stationnaire à Ancône, d'autre espoir de salut que dans une honorable capitulation.

Au moment où nous nous proposions de livrer cet essai à l'impression, nous avons appris l'évacuation d'Ancône; voilà un regret de plus pour la France. (Voyez ci-après, *Appendice* n° 2.)

Restauration, comme sous l'empire de la révolution
de juillet, les lis et le drapeau tricolore ont été tour
à tour colportés au bout des baïonnettes françaises,
en Espagne, en Grèce, en Belgique, en Romagne,
tantôt pour relever le pouvoir absolu, tantôt pour
soutenir la révolte, et toujours au mépris du droit
des gens (1).

L'intervention n'a coûté aux autres puissances de
l'Europe aucun sacrifice réel; au contraire, l'Autriche a eu soin de se faire amplement dédommager
de sa haute protection; la Russie a gagné en puissance; la France seule a vu prodiguer les richesses
et le sang des Français, sans en retirer aucun avantage. L'esprit de parti a étouffé l'esprit national,
et les intérêts de la nation ont été sacrifiés à une
fausse politique.

(1) On ne saurait assez répéter que, lorsqu'on parle de la
politique suivie par les différens cabinets de l'Europe, on ne
veut attaquer le caractère de personne; au contraire, l'auteur
de cet essai se plaît à reconnaître le mérite des hommes distingués qui, en France comme ailleurs, sont parvenus au pouvoir,
et qui, ayant bien mérité de leur patrie, ont acquis des droits
à l'estime et à la reconnaissance de leurs contemporains.

J'ai de l'homme d'honneur distingué le poète.

CHAPITRE V.

—

*De la nécessité de mettre un terme à l'intervention
armée et des moyens d'y parvenir.*

Nous avons exposé les principes de la politique
moderne, relativement au prétendu droit d'intervention ; nous en avons suivi la marche, nous en
avons signalé les écarts, et nous sommes enfin arrivés à cette époque où, malgré l'action constante de
ces principes appuyés de toute la force armée des
grandes puissances de l'Europe, la fermentation
générale des esprits s'est augmentée, et les symptômes d'une effervescence révolutionnaire se sont
évidemment multipliés.

Après l'occupation militaire de la France, de 1815
à 1818, on a vu, de 1819 à 1828, la révolution et
l'occupation militaire de l'Espagne ; la révolution
et la contre-révolution du Portugal ; les révolutions
et l'occupation militaire de plusieurs Etats d'Italie ;
la révolution, l'occupation militaire et la prétendue
régénération de la Grèce. On a vu, dès 1829 jusqu'à
nos jours, une nouvelle révolution en France, une

5

révolution en Belgique, une révolution en Pologne ;
on a vu des mouvemens révolutionnaires en Allemagne et en Suisse ; de nouvelles révolutions en Italie,
une nouvelle révolution en Portugal et la guerre civile en Espagne ; enfin, de la Vistule jusqu'au Tage,
partout du désordre et de l'agitation.

Les révolutions politiques et l'intervention armée
se succèdent alternativement sans qu'on puisse prévoir la cessation de cette affreuse série de calamités :
les gouvernemens qu'on a voulu soutenir par l'intervention armée, ont perdu leur force morale, et
ceux qui cherchent à se soutenir par l'appareil d'une
excessive force militaire retrouvent, dans ce moyen
ruineux, une nouvelle source de crainte et d'inquiétude.

L'Europe est encore plus agitée, les peuples sont
en général beaucoup plus turbulens, en 1840, qu'ils
ne l'étaient en 1815.

Que faut-il conclure de là ? que l'expérience est
conforme à nos raisonnemens, et que le prétendu
droit d'intervention est de sa nature destructif de
l'ordre social.

Mais on peut se demander ce que l'Europe serait devenue si les puissances, laissant un libre
cours aux événemens, s'étaient abstenues de toute
intervention ?

Un court aperçu sur les différens États européens
nous aidera à répondre à cette question.

Vers le milieu du dernier siècle, le gouverne-

ment espagnol suivait la carrière des améliorations :
sous l'influence d'une administration éclairée, on
vit la population s'accroître et la misère du peuple
diminuer : l'agriculture, l'industrie et le commerce
commençaient à se relever, tout semblait promettre
un heureux avenir.

Mais une prospérité, dont on venait à peine de
jeter les fondemens, ne put se soutenir sous la faible
administration de Charles IV. Le défaut de caractère dans le jeune prince des Asturies, et les intrigues du prince de la Paix, achevèrent le malheur de
l'Espagne.

Cependant, lorsque le monarque, le prince et le
favori tombèrent également victimes de la politique
du conquérant voisin, la nation, plus indignée encore de la perfidie de l'étranger que de la faiblesse
de ses princes, prit la résolution de résister aux
armées de Bonaparte. Cette résolution montre un
peuple digne d'une sage liberté.

Les armées françaises traversèrent l'Espagne sans
la subjuguer, tandis qu'un congrès national, assem-
blé à Cadix, fixait les bases d'un nouveau code politique. Maheureusement on se laissa trop séduire
par de vaines théories, et, par là, on rendit ce
code odieux à une grande partie de la nation : on
mécontenta le clergé, on blessa l'orgueil de la haute
noblesse, on choqua la vanité de la noblesse infé-
rieure.

En 1814, lorsque le roi remonta sur le trône, il

refusa de sanctionner la constitution de Cadix, et reprit le pouvoir absolu, aux acclamations du peuple. Dès lors, une révolution dans ce pays fut regardée comme un événement impossible.

L'expérience a prouvé le contraire : une mauvaise administration, la rébellion des colonies, la misère du peuple, tout contribua à faire disparaître cet enthousiasme qui avait salué le retour de Ferdinand VII.

Cinq ans après on vit éclater une révolution : une partie considérable du peuple espagnol y prit part, le code fatal fut rétabli, et nous avons vu que, sans l'intervention de la France, la cause du pouvoir absolu aurait été perdue en Espagne.

En 1814, la moindre manifestation contre le pouvoir absolu eût suffi pour soulever le peuple contre les partisans des cortès. En 1819, les révolutionnaires ont pu accomplir leurs desseins, avec une rapidité sans exemple et presque sans obstacle : c'est une preuve que le gouvernement royal était devenu plus insupportable encore que la constitution de Cadix.

Les nouvelles cortès auraient probablement modifié cette constitution, si elles n'avaient pas délibéré sous la menace d'une intervention et d'une invasion étrangère ; mais les intrigues de la diplomatie et l'irruption d'une armée française vinrent augmenter les malheurs de l'Espagne, au préjudice de l'ordre général.

Si la France, suivant l'exemple de l'Angleterre, s'était refusée à intervenir dans les affaires d'Espagne, elle aurait été également plus tranquille et plus heureuse. Dès lors toute intervention armée devenait impossible aux puissances du Nord; la situation de l'Europe ne leur permettait pas de hasarder une guerre, pour s'ouvrir un passage forcé sur le territoire français; et une expédition navale, sans le concours de l'Angleterre, présentait peu de chances de succès.

Le gouvernement de Charles X aurait acquis par là plus de nationalité et plus de force à l'intérieur; il aurait acquis plus de dignité et plus de considération auprès des cabinets étrangers; la branche aînée des Bourbons régnerait peut-être encore; et la Pologne, l'Italie, la Belgique, l'Allemagne, n'auraient pas ressenti le contre-coup de la révolution de juillet.

L'intervention de la France et des autres puissances dans les affaires de la Turquie européenne, a porté un coup mortel à l'empire Ottoman. La Porte aurait probablement soumis les Grecs, comme la Russie a soumis les Polonais : si l'on compare la légitimité de la domination russe sur la Pologne, à la légitimité de la domination turque sur la Grèce, on ne voit pas ce que l'Europe a gagné à rendre indépendante la Grèce en laissant opprimer la Pologne. Encore, si l'on fait attention à l'état moral des peuples, on ne voit guère quel avantage les révolutionnaires de la Grèce qu'on a soutenus, ont sur les révolutionnaires d'Espagne, d'Italie, d'Allemagne qu'on a écrasés; d'ailleurs les Grecs seraient peut-être moins malheureux qu'aujourd'hui, s'ils avaient accepté les offres avantageuses de la Porte. Liés de mœurs et de religion avec la plus grande partie des habitans de la Turquie d'Europe, ils partageraient encore leur sort et leurs espérances.

Mais suivons le cours des événemens et passons aux révolutions de la Belgique et de l'Italie.

Les Belges et les Hollandais, n'ayant rien à craindre ni à espérer de l'intervention armée, auraient plus promptement terminé une querelle qui tient encore en émoi l'Europe entière. On aurait probablement employé avec succès une médiation toute pacifique pour amener les deux parties à un arrangement; mais l'entrée d'une armée française en Belgique n'a fait qu'intervertir l'ordre naturel des choses. Le gouvernement hollandais n'a pas cédé aux efforts unanimes des Belges; il n'a cédé qu'à une force étrangère, et il n'a vu dans l'emploi de cette force qu'une insigne violation de ses droits. Au reste, le royaume des Pays-Bas aurait pu continuer à subsister dans toute son intégrité, ou bien la Belgique aurait pu devenir un État indépendant, sans que l'un ou l'autre de ces événemens fût par lui-même d'une grande importance pour le système politique de l'Europe.

Quant à l'intervention de l'Autriche dans les af-

faires d'Italie, il faut avouer que l'occupation militaire plus ou moins prolongée du Piémont, du
royaume de Naples, des légations, des États de Modène, de Parme et de Plaisance, n'est pas un gage
bien rassurant pour la tranquillité future de l'Italie
et de l'Europe. Il est vrai que si l'Autriche n'était
pas intervenue, elle n'aurait pu garantir son royaume
lombard-vénitien qu'en entretenant sur les lieux
une force armée considérable; mais l'intervention a
nécessité l'emploi d'une force matérielle plus grande
encore : cette force n'a cessé de peser sur toute l'I-
talie, et si c'est à l'avantage de la puissance autrichienne, c'est ce qu'on verra à la première guerre.

L'Allemagne a beaucoup perdu de sa physionomie particulière : les conquêtes de Bonaparte ont
mis le sceau à la dissolution de l'ancien corps Germanique (1); l'acte de la confédération du Rhin a
survécu, du moins en partie, à son auteur ; on a
laissé subsister des États et des rois créés par Napoléon ; seulement on les a placés sous une autre
influence, et, par un excès de *libéralisme* (2), on a

_____

(1) Des trois cents Etats qui représentaient l'ancien corps
germanique, il en reste à peine un huitième aujourd'hui.

(2) Vers la fin de 1814, les petits souverains de l'Allemagne,
cherchant à plaire aux souverains alliés, déclaraient officielle-
ment aux ministres d'Autriche et de Prusse, *qu'ils étaient dé-
cidés, en cédant à l'esprit du siècle, d'introduire dans leur
pays des constitutions représentatives et d'accorder à leurs*

voulu leur donner, en 1815, des constitutions représentatives qui étaient peu en harmonie avec l'esprit monarchique.

Cette contradiction, de la part des monarques
alliés, ne pouvait manquer d'amener de graves in-
convéniens ; toutefois on peut croire que, sans le
fléau de l'intervention, l'Allemagne aurait été plus
tranquille ; on ne se serait pas aperçu sitôt que les
constitutions données aux États allemands sont incompatibles avec une confédération qui ne doit avoir
d'autres intérêts que ceux de l'Autriche et de la
Prusse.

Ces inductions sont confirmées par l'expérience :
la marche qu'on a suivie a rendu nécessaire l'entretien de ces nombreuses armées permanentes, dont
il n'y a point d'exemple dans l'histoire de l'Europe:
bientôt deux millions de soldats, nourris dans l'oi-
siveté de la paix, seront au dessous des exigences
de ce prétendu droit d'intervention. Mais ce système
prolongé de violence, où nous mènera-t-il? ne doit-
on pas craindre de voir s'engager une lutte entre
les armées et les peuples ? Quelle effrayante pensée!
l'Europe écrasée entre l'anarchie et le despotisme
militaire, entre les prolétaires et les gardes préto-

sujets *le droit de consentir aux impositions directes et in-
directes.*

Tout petit souverain qui s'aviserait aujourd'hui de faire publiquement une pareille déclaration, serait mis au ban de l'empire.

riennes, verrait le triomphe final de la barbarie ;
alors tout serait perdu ; ou s'il restait encore quelque espoir, ce ne serait plus que dans la victoire
des peuples. Au milieu de l'anarchie populaire, on
ne tarde pas à sentir le besoin de l'ordre; les princes sages, fermes et modérés, n'en deviennent souvent que plus forts et n'en sont que mieux obéis ; au
lieu que des millions de soldats , accoutumés à la
vie des camps, indifférens à l'horreur des massacres,
séduits par l'appât du butin, n'auraient le dessus
sur les peuples que pour se rendre les arbitres des
empires.

Mais, dira-t-on encore, ne faut-il pas soutenir
l'ouvrage du congrès de Vienne? ne faut-il pas combattre ce malheureux esprit révolutionnaire qui
cherche à tout bouleverser?

Quant au congrès de Vienne , nous observerons
que des combinaisons politiques qui ne peuvent se
soutenir, en temps de paix , qu'à l'aide d'une immense force armée, ne sauraient assurer le repos et
le bonheur de l'Europe (1).

---

(1) Le désarmement général qui occupait la pensée de M. Ca-
simir Périer, ministre du roi des Français, ne peut être considéré que comme une vaine spéculation , tant que l'ordre politique de l'Europe ne sera fondé sur d'autres principes que
ceux du congrès de Vienne : en effet, M. Périer lui-même,
malgré toutes ses bonnes intentions, a été entraîné par le tour-
billon de la moderne diplomatie.

Ce ne fut pas l'ambition de Bonaparte qui alluma d'abord la guerre générale en Europe : la chute de Napoléon ne fut que la fin d'un épisode qui, par son brillant, avait détourné les esprits de l'action principale ; mais cette action reprenait son cours au moment même où les souverains et les diplomates la perdaient entièrement de vue.

Le congrès de Vienne ne songeait encore qu'à Napoléon et à ses conquêtes; il ne voyait de danger que du côté de la France ; et il voulait établir un système exclusif de défense contre ses agressions militaires. Pour arriver à ce but, il s'est souvent écarté du respect dû aux droits des nations ; il n'a fait que remplacer la force par la force, et les Polonais, les Danois, les Saxons, les Italiens, en ont été spécialement les victimes. Ainsi, le système des compensations, sous lequel on a prétendu couvrir tant d'injustices, n'a donné lieu qu'à une réunion de parties hétérogènes, sans égard à la religion, aux mœurs, aux intérêts et aux justes désirs des peuples.

Or, un code basé sur les mêmes maximes qui ont amené la spoliation de la Pologne, ne pouvait devenir qu'une source intarissable de troubles et de révolutions de la part des peuples, de craintes et de fausses démarches de la part des gouvernemens.

En effet, le congrès de Vienne venait à peine de terminer ses travaux, que l'aspect politique de l'Europe n'était déjà plus le même. On vit bientôt le droit en contradiction avec le fait, et on perdit enfin toute idée nette et claire des véritables principes du droit des gens.

La crainte de la Russie d'un côté, quelques explosions populaires d'un autre, ne tardèrent pas à faire oublier, peut-être à faire regretter Napoléon. Cependant les souverains du continent, tout en promenant leurs regards inquiets sur l'attitude du colosse russe, se lièrent personnellement de principes avec les czars : c'était séparer les intérêts politiques des nations, des intérêts individuels de leurs chefs. Dès lors les gouvernemens furent entraînés dans des démarches contradictoires, et comme poussés par des vagues qui vont se briser les unes contre les autres dans des directions opposées.

Dans cette confusion de choses, tous les actes du congrès de Vienne qui parurent d'abord présenter quelque garantie d'ordre, furent altérés ou détruits.

Le congrès de Vienne stipulait, en 1815, l'existence politique d'un royaume constitutionnel en Pologne, et ce royaume a cessé d'exister en 1832.

Le congrès de Vienne, en 1815, admettait en maxime l'intégrité de l'empire ottoman, et cet empire a été dépouillé, en 1830, de ses provinces maritimes qui en faisaient la principale force,

Le congrès de Vienne créait, en 1815, le royaume des Pays-Bas, en réunissant la Belgique à la Hollande, et la Belgique a cessé, en 1833, de faire partie de ce royaume.

Les grandes puissances, signataires du congrès de

Vienne, en contribuant plus ou moins à ces événemens, ont miné leur propre ouvrage ; comment vou-
draient-elles aujourd'hui relever, par l'intervention,
un édifice dont l'intervention a accéléré la ruine?

Mais l'intervention serait-elle le moyen le plus
sûr de combattre l'esprit révolutionnaire?

Nous avons vu qu'après une longue série d'interventions, l'esprit révolutionnaire n'a fait qu'augmenter : voilà une réponse de fait. Cependant nos diplomates ont prétendu soutenir que l'esprit révolutionnaire aurait fait plus de progrès encore sans l'intervention, et que ce n'est que par ce moyen qu'on
pourra rendre enfin le calme à l'Europe.

Cette assertion nous paraît aussi contraire au
bonheur de l'Europe qu'à la vérité.

Lorsqu'on veut combattre avec succès un mauvais
principe, il faut avant tout en connaître la nature;
il faut remonter à la source du mal pour juger de
l'efficacité du remède qu'on veut employer, et si,
pendant l'application de ce remède, le mal augmente
au lieu de diminuer, la prudence commande d'examiner encore une seconde fois si l'on ne se serait point
trompé dans un premier jugement trop précipité.

On a beaucoup parlé de la nature de cet esprit révolutionnaire qui s'est aujourd'hui répandu dans tous
les États de l'Europe ; on attribue des événemens
particuls à des causes générales, et on a rattaché à des
causes particulles des événemens qui n'étaient que la
conséquence naturelle de l'état actuel de la société.

Dès qu'on prononce ce mot magique *révolution*, on voit les uns frémir, les autres sourire, et l'esprit de parti vient fausser tous les jugemens ; on ferait un grand pas vers la tranquillité générale, si l'on parvenait à éclairer le public sur ce mélange de vérité et d'erreur qui se fait remarquer des deux côtés.

On ne prétend pas ici remplir une tâche si difficile, on veut seulement offrir au lecteur quelques considérations à ce sujet.

Avant l'époque de la révolution française, l'histoire de l'Europe présente déjà à l'observateur éclairé, un contraste frappant entre la marche des gouvernemens et celle des peuples.

En France, le peuple avait devancé le gouvernement, il commençait à sentir l'injustice d'un système de priviléges qui n'était plus soutenu par une élévation de caractère de la part des classes privilégiées. Ces classes ne se distinguaient plus que par leur corruption, pendant que les abus de l'administration se multipliaient tous les jours ; et la cour, les nobles et le clergé paraissaient indifférens aux souffrances du peuple.

On voyait, d'un autre côté, des gouvernemens qui voulaient devancer les peuples, et des princes qui cherchaient à introduire dans leurs États les institutions qu'ils avaient rêvées dans leur cabinet.

Cet état d'inquiétude des rois ou des peuples venait de la même source, il venait des grands changemens qui s'étaient opérés peu à peu dans la masse des populations, dans la distribution des richesses et dans le développement des facultés intellectuelles des différentes classes de la société; il venait du peu d'accord qui régnait entre la conduite des gouvernemens et la marche lente et inégale, quoique toujours progressive, du monde civilisé. C'était ce peu d'accord qui raidissait également les peuples contre le despotisme du passé et les libertés de l'avenir.

Dans ces circonstances, des écrivains célèbres cherchèrent à flatter, soit par goût, soit par spéculation, le penchant général des esprits. Une séduisante philosophie, un style naturel et facile, rendirent leurs écrits populaires en France. En même temps, ce tour d'esprit agréable et léger, né aux bords de la Seine, se vit transporté sur ceux du Danube, de l'Oder, de la Neva, dans l'enceinte même des cours et dans les palais des princes.

Ainsi, la haute société européenne finit par se plonger dans le scepticisme; la pureté de la religion fut reléguée dans le royaume des chimères, et avec les sentimens religieux disparurent tous les sentimens vertueux.

Sur ces entrefaites arriva la première révolution américaine: le gouvernement français n'y vit d'abord qu'une occasion de nuire à l'Angleterre, mais il ne fit que hâter sa propre ruine: en effet, la participation de la France au triomphe des révolutionnaires d'Amérique, doit être mise au nombre des causes qui enfantèrent la révolution de 1790.

Bientôt la monarchie française s'écroula de toutes parts ; les vertus privées de Louis XVI restèrent sans influence, et ce prince malheureux tomba victime des fautes de ses ancêtres et des mœurs de son temps.

Cette explosion, qui éclata avec tant de violence, avait été déterminée par le concours extraordinaire d'une foule d'événemens partiels ; loin de favoriser les progrès de la civilisation, elle ne fit que les arrêter ou les retarder jusqu'au moment où un génie supérieur parvint à lui substituer l'enthousiasme de la gloire et l'esprit des conquêtes.

Mais au moment même que Napoléon s'emparait de la révolution française, il remettait en jeu, sans s'en douter, les causes générales d'une révolution toute européenne.

Son ambition et la fatalité de ses destinées réveillèrent en Espagne d'un côté, et en Allemagne de l'autre, un esprit d'indépendance qui produisit des résultats analogues à la position des deux pays ; mais ce n'était plus l'esprit révolutionnaire de 1790, c'était la civilisation elle-même, qui, sous l'influence de nouvelles circonstances, reprenait son ancien mouvement : ce mouvement avait été plus rapide en Angleterre, parce que ce pays, par sa position même, se trouve à l'abri de l'intervention étrangère. Après avoir traversé une longue série de guerres intestines et de malheureux événemens, l'Angleterre était enfin parvenue, en 1688, à jouir d'un ordre stable qui dure depuis cent cinquante ans.

Mais les différens États du continent n'ont cessé d'être désolés par la guerre ou par des révolutions, sans avoir pu retrouver jusqu'ici un instant de repos.

Cependant si la marche des peuples a été retardée sous l'influence d'un grand nombre de causes partielles, elle n'a pas moins continué, quoique plus lentement, son mouvement de progression; rien n'a plus contribué à maintenir ce mouvement que le développement des rapports politiques et commerciaux de l'Angleterre avec toutes les puissances continentales.

La continuité de cette influence anglaise fut pour un moment interrompue, lorsque l'Angleterre elle-même, malgré sa force et ses richesses, se vit, avec étonnement, dans l'impossibilité de réduire à l'obéissance ses colonies de l'Amérique septentrionale. Le gouvernement anglais, irrité de cet échec, devint, plutôt, par ressentiment contre la France qui avait secouru les Américains, que par principe, l'ennemi des révolutions; mais ce ne fut qu'une détermination passagère. Dès que Bonaparte se fut emparé du pouvoir absolu, et qu'il voulut dicter des lois à l'Europe, la nation anglaise retrouva toute son énergie, pour soutenir l'indépendance des autres nations contre sa rivale; elle employa tous ses moyens pour

exciter les peuples opprimés par les Français à se-
couer leur joug ; elle soutint, par d'immenses sacrifices, une longue lutte qui avait été abandonnée
comme désespérée par les plus puissans monarques ;
et dans les efforts qu'elle fit pour soutenir cette lutte,
où elle mit en jeu ses richesses et sa force morale,
on doit voir également une des principales causes de
l'état actuel de l'esprit public sur le continent.

Dans toutes les guerres contre Bonaparte, les
puissances du Nord se sont rattachées à l'Angleterre
comme à la seule ancre de salut ; elles ont suivi la
même direction, elles ont répandu les mêmes principes et les ont proclamés de la manière la plus so-
lennelle à la face de l'univers : voilà un autre puissant motif qui a fait prévaloir les idées révolutionnaires (1).

(1) La proclamation de l'empereur Alexandre aux peuples de
l'Europe, en date du 10 février 1813, est un véritable mani-
feste révolutionnaire : l'empereur de Russie rappelle aux souverains leurs fautes, aux peuples leur pusillanimité, et, en s'a-
dressant aux peuples, il leur dit : « La crainte peut-être encore
» enchaîne vos souverains, *qu'une fatale obéissance ne vous*
» *retienne pas.* »

La déclaration des alliés du 21 décembre 1813, porte ce qui
suit : « L'Etat même le moins considérable ne doit pas être gê-
» né dans le choix des mesures politiques qu'il a à prendre,
» *aussitôt qu'il est capable de déterminer librement et sans*
» *influence.* »

Et pourtant ce sont ces mêmes puissances qui ont proclamé
les premières le prétendu droit d'intervention armée !

6

Il est donc facile de concevoir comment, lorsque le sceptre de Napoléon fut brisé, il n'y eut en Europe qu'un cri unanime d'indépendance. On ne parla que d'institutions libérales, conformes aux besoins de la société, aux progrès de la civilisation, à l'esprit du siècle : les souverains marchèrent les premiers à la tête de ce mouvement, sans faire attention au torrent qui se précipitait derrière eux.

La société européenne, effrayée d'abord par les horreurs de la révolution française, opprimée ensuite par le despotisme de Napoléon, sortait de ces épreuves comme on sort du malheur : la disposition des esprits n'était plus la même qu'en 1790.

En effet, on a pu remarquer en ce moment une amélioration dans les mœurs, un retour aux sentimens religieux et une croyance à la vertu ; on peut y ajouter encore une sympathie sans exemple entre les princes, les gouvernemens et les peuples qui, pendant un espace de temps malheureusement trop court, marchèrent d'un commun accord.

Autant que l'on peut percer à travers le voile qui couvre l'histoire privée des nations, on peut dire que jamais on n'a vu des peuples si nombreux, dans de

Repos, liberté, indépendance, voilà la devise de la proclamation du 23 mars 1814.

On ne finirait plus si l'on voulait citer tous les passages de ce genre : on vit proclamer dans les divers manifestes des grandes puissances du Nord, à cette époque, tous les principes qu'elles ont ensuite condamnés.

meilleures dispositions : la grande époque de 1814 n'appartient pas seulement à la politique, mais à la morale, à la religion, à l'humanité toute entière.

Mais malheureusement des idées de perfection, au dessus de l'organisation et de la nature de l'homme, sont venues nouvellement tourmenter les rois et les peuples : dès lors tout a pris une teinte plus sombre, les esprits se sont montrés disposés à combattre ou à soutenir avec âcreté les opinions extrêmes, et l'on a vu enfin le choc de deux principes contraires répandre partout la désolation.

Parmi les traits caractéristiques de notre temps, on doit remarquer une sorte de philosophie contemplative ou mystique, d'une nature tout opposée à celle de la légère philosophie du xviiie siècle : c'est encore un pénible fardeau que l'Allemagne fait peser aujourd'hui sur toute l'Europe.

Cette manière affectée de voir tous les objets d'un seul côté, de mettre toujours le sentiment à la place du jugement, ce prodigieux entassement de faits et d'idées, sans ordre et sans liaison, ce vague et ces écarts d'une imagination sans frein, se répandent parmi le peuple, en faussent l'esprit et en gâtent le cœur.

On peut donc comparer cet esprit révolutionnaire, qui est si généralement répandu, à un virus moral circulant dans tous les États. L'attaquer par la violence des armes, ce serait attaquer l'existence même des corps politiques ; on l'a comparé mal à propos à une gangrène, et on a trop souvent répété qu'il faut couper le membre gangréné si l'on veut sauver le corps : ceci n'est vrai que d'une maladie locale et bornée qui n'a pas encore affecté toute l'économie vitale ; mais lorsqu'il s'agit d'un virus moral qui tient à la vitalité même du corps social tout entier, le seul espoir de guérison consiste à neutraliser ses effets.

Encore, tant que les cabinets auront recours à l'intervention armée, ils chercheront à justifier leur conduite par des déclarations ou des manifestes politiques ; d'un autre côté, leurs adversaires en feront autant par des déclarations opposées ou par des pamphlets ; les sophismes qu'on emploiera nécessairement dans des écrits de ce genre, finiront par renverser toutes les idées de justice dans l'esprit de la masse des peuples.

On s'obstinera toujours plus, de tous les côtés, à voir un type de perfection dans une forme donnée de gouvernement ; en se querellant sur l'excellence de la forme, on continuera à perdre de vue la substance des choses.

En effet, que veut-on dire lorsqu'on prétend soutenir la maxime, *que les rois seuls ont reçu de Dieu le droit de donner, si bon leur semble, des institutions aux peuples?* N'est-ce pas là une pensée purement oratoire plutôt qu'une maxime politique? Un droit exclusif des rois sur les peuples suppose aussi un devoir des rois envers le roi des rois : ce devoir ne serait jamais d'un avantage sensible aux peuples, s'il restait toujours sans application, renfermé dans la conscience d'un seul individu : en ce cas, on est forcé de considérer les événemens par lesquels le pouvoir monarchique absolu est attaqué, diminué ou modifié, comme autant de jugemens de Dieu, autant de moyens dont se sert la Providence pour ramener les princes à l'accomplissement de leur devoir.

D'un autre côté, lorsqu'on proclame les droits de l'homme, la souveraineté du peuple, l'égalité des conditions, ne proclame-t-on pas la destruction de la société? Les révolutionnaires, qui cherchent à donner une si grande étendue à leurs principes, doivent nécessairement en admettre les conséquences : la liberté naturelle illimitée de l'homme est contraire à l'ordre civil ; la souveraineté *réelle* du peuple est destructive de l'ordre politique ; la parfaite égalité des conditions est incompatible avec le droit de propriété. L'homme, privé des avantages qu'il retrouve dans ces liens même qui l'enchaînent à l'ordre social, retomberait dans l'abrutissement d'une sauvage indépendance.

Mais l'origine des droits de l'homme et des droits du souverain peut être regardée comme le fruit défendu ; toutes les fois que les hommes ont osé y toucher, ils ne se sont plus compris : tourmentés par l'exaltation d'une imagination désordonnée, ils ont éprouvé le fléau des guerres religieuses, des guerres civiles, des troubles politiques.

Sans toucher à ce point délicat, on peut poser
en principe que tout gouvernement, quelle qu'en soit
la forme, a le droit d'employer, pour se maintenir,
toute la force morale et toute la force matérielle dont
il peut disposer *dans la sphère qui lui est assignée*.

Ce droit, qui dérive de la tendance naturelle de
chaque corps à sa propre conservation, est un des
plus puissans motifs d'ordre et de tranquillité.

Mais l'intervention ne fait qu'altérer ou détruire
ce principe conservateur : plus un gouvernement
pourra compter sur l'appui d'une force étrangère,
moins il s'attachera à faire preuve de sagesse, de
modération et de prévoyance.

On peut dire que les gouvernemens faibles ou vi-
cieux ont seuls besoin de l'intervention armée ;
mais cette intervention ne pourra jamais leur donner une force morale qu'ils ne possèdent pas, et
les peuples n'en seront que plus disposés à se mu-
tiner contre leurs chefs, dès que ces derniers ne
pourront plus compter sur l'appui de l'étranger.

Les nombreux manifestes qui ont paru en faveur
de l'intervention, depuis 1820, ont laissé apercevoir aux peuples une perpétuelle contradiction entre les raisonnemens et les faits.

Lorsqu'on invoque le droit et qu'on parle au nom
de l'ordre général, les peuples aussitôt se disent à
eux-mêmes..... : Si les droits du roi des Pays-Bas
ou d'un duc de Modène, du grand sultan ou d'un
empereur de Russie, du roi légitime de France ou

d'un pape , sont tous de nature à se rattacher essen-
tiellement à la conservation de l'ordre social....., pourquoi a-t-on employé la force armée pour soutenir ces droits chez les uns , pour les détruire chez les autres? — Il n'y a donc point de droit.

Lorsqu'on invoque le principe d'utilité , c'est pire encore..... Le peuple aussitôt en conclut *que tout ce qui est utile est permis.*

Ces doctrines deviennent une cause permanente de désordre dans tous les Etats , grands ou petits ; ceux qui interviennent, ceux qui supportent le poids de l'intervention, en souffrent également.

Dans cet état de choses , les partis extrêmes ont beau jeu : les peuples s'habituent à regarder avec indifférence tout changement de gouvernement , et quelquefois de petites émeutes produisent de grandes révolutions.

Or, si, pendant que les factions s'agitent sans cesse, la partie saine du peuple continue à rester dans l'indifférence et dans l'inaction , l'établissement d'un ordre durable devient impossible.

Les gouvernemens, quelle que soit leur forme, ne peuvent donc espérer aujourd'hui de jeter de pro-
fondes racines sans le concours actif de la majorité des peuples ; mais ils ne pourront arracher cette majorité à son état d'inertie qu'en lui donnant plus d'énergie politique , et ils ne pourront lui donner plus d'énergie politique qu'en portant dans tous les cœurs la persuasion que la vie, la liberté et

la fortune des citoyens, ainsi que le sort de l'État, se lient nécessairement à la conservation de l'ordre politique actuel.

Ceux qui pensent pouvoir gagner les peuples par les noms imposans de *charte* ou *de constitution*, et par l'appareil d'un gouvernement représentatif; ceux qui pensent pouvoir arrêter la marche de là société vers la liberté civile, en offrant aux peuples la perspective d'un bonheur tout matériel, sont également dans l'erreur : les uns et les autres courent après un fantôme qu'ils ne sauraient atteindre, et toutes les fois qu'une triste expérience vient dissiper leurs illusions, au lieu de se rallier franchement à ce peuple, dont dépend leur salut, ils s'effraient de ses moindres mouvemens, et ils finissent par se livrer à une faction ou par se cacher derrière une armée.

Les constitutionnels, qui ont cherché à se fortifier par l'esprit de faction, n'ont fait qu'indisposer contre eux ce même peuple dont ils ont prétendu soutenir la cause.

Les souverains, de leur côté, n'ont pas assez réfléchi que, malgré l'imprudente conduite de leurs adversaires, ils n'ont pu soutenir le principe de la monarchie pure qu'avec du canon.

Les cabinets du Nord sont ainsi devenus, sans s'en douter, les chefs du parti qui a le moins de force morale; ils doivent redouter ces armées mêmes qu'ils emploient à se soutenir, et ils ne pourront guère l'emporter sur le parti contraire, qu'en entrant les premiers dans les voies de la sagesse et de la raison.

On parle du danger qu'il y a pour les monarques d'entrer dans la voie des concessions : voilà encore l'emploi d'une expression qui fait supposer un état de lutte entre les rois et les peuples ; mais là où il y a identité d'intérêts, il ne peut exister de collision. L'intérêt du souverain est de voir son peuple heureux, comme l'intérêt du peuple est de voir ses chefs honorés, obéis et respectés en dedans, puissans et influens au dehors.

Au fond, les droits et les devoirs des souverains envers les peuples, des peuples envers les souverains, *n'ont d'autre base que le bonheur commun* ; par conséquent le maintien de tous ces droits est aussi nécessaire au bien de l'État que l'accomplissement de tous ces devoirs, et les *concessions forcées* qui portent les princes ou les peuples à abandonner leurs droits ou à transiger avec leurs devoirs, ne sont que le prélude de leur commune ruine.

Qu'on cesse donc de disputer si les rois ou les peuples ont le droit de bien faire ; qu'on fasse le bien de part et d'autre, et bientôt on sera d'accord. Mais cet accord sera toujours impossible tant que l'intervention étrangère se mettra entre les gouvernemens et les peuples.

L'expérience vient à l'appui de ce raisonnement,

chez ces puissances mêmes qui ont soutenu le droit d'intervention.

La Prusse, par exemple, n'est qu'un assemblage de pays de différente nature, sur une étendue extrêmement irrégulière et sur une énorme longueur; ses nouvelles acquisitions lui ont donné des peuples qui ne sauraient être contens de leurs destinées; dans une position déjà si désavantageuse en elle-même, elle réunit encore une nombreuse population manufacturière, les sociétés secrètes y sont très répandues, et il n'y a guère d'État en Europe qui renferme plus d'élémens de révolution; c'est néanmoins le seul État qui, depuis la restauration, n'a offert dans aucune de ses provinces le spectacle d'une révolution politique.

Ce phénomène extraordinaire dans l'état d'agitation où se trouve la société, doit être principalement attribué à la sage conduite du gouvernement prussien.

Ce gouvernement a maintenu l'ordre avec fermeté, mais il a aussi cherché à se rendre populaire, au point de donner des satisfactions au public, même contre ses agens de police (1); il s'est toujours mon-

(1) Nous en citerons ici un exemple : en 1830, l'arrestation de quelques garçons tailleurs, à Berlin, donna lieu à de graves désordres; il fallut recourir à la force pour dissiper les rassemblemens populaires qui s'étaient formés ; mais aussi les garçons tailleurs furent élargis, et l'officier de police qui avait causé leur arrestation fut suspendu de ses fonctions aux applaudissemens du peuple et à la satisfaction de l'opinion publique.

tré tolérant et modéré ; il a établi des États provinciaux, et leur convocation a été suivie d'une foule
d'améliorations dans toutes les branches de l'administration. Ces États provinciaux ont continué à se
réunir paisiblement, depuis plus de dix ans, et quoi-
qu'ils ne présentent guère aujourd'hui qu'un intérêt
local, ils ne sont pas sans influence sur l'intérêt général. Le public a été également instruit, par des
publications officielles, de l'état de la finance et des
opérations du gouvernement; depuis 1828, le bud-
get détaillé des recettes et des dépenses de l'État
est annuellement publié.

Mais en sortant de la ligne des institutions purement politiques, ce gouvernement a fait plus encore,
il est parvenu à surmonter une grande partie des
difficultés dont sa position commerciale est héris-
sée (1), travaillant sans cesse à négocier des conven-

(1) Il faut dire que la Prusse, maîtresse du cours de la Vistule, se trouve, sous le rapport de l'industrie et du commerce,
dans une position plus avantageuse que l'Autriche. En effet,
cette dernière puissance, ne possédant pas le cours entier du
Danube, manque, sur une etendue considérable, de débouchés
naturels aux régions qu'elle occupe. On conçoit ainsi la supré-
matie industrielle de la Prusse sur tous les autres Etats de
l'Allemagne; voulant profiter de cet avantage, elle cherche à
généraliser un système de douanes, qui n'est pas sans quelque
analogie avec le système continental de Bonaparte : nous pensons qu'elle se prépare ainsi un excès de population manufacturière qui pourra par la suite augmenter les difficultés de sa
position ; mais en attendant on doit avouer qu'elle n'a cessé

tions de commerce, des traités de navigation, et à
se procurer de grandes facilités dans ses communi-
cations avec les États voisins, et même avec les contrées les plus éloignées, il a généralement encouragé
l'agriculture, et il s'est également attaché à rendre
plus heureuse la condition des paysans ; il a fait
d'importantes améliorations dans l'ordre judiciaire ;
il a maintenu dans le duché du Bas-Rhin le Code
français, les registres civils, la publicité des débats et le jury, cédant aux vœux populaires, malgré l'influence des partisans de l'ancien régime qui
demandaient à grands cris le Code prussien : il n'y
a pas long-temps que le monarque lui-même a publiquement annoncé qu'il se proposait de donner à
ses peuples un Code général qui aurait pour base
la *publicité des jugemens.*

Ce gouvernement a porté l'instruction publique
au point que la Prusse est citée pour modèle chez
les nations les plus éclairées, par les littérateurs et
les philosophes les plus distingués.

Enfin ce gouvernement a toujours marché en
première ligne, sur le continent européen, dans la
carrière des améliorations sociales; il n'est point de
perfectionnement ou d'invention utile dans les arts
et dans les branches savantes de l'administration,
qu'il n'ait accueilli avec empressement.

jusqu'ici de faire preuve d'une grande habileté et de montrer
une grande prévoyance.

La moindre de ces innovations suffirait à renverser un trône , suivant les doctrines des partisans ou plutôt des détracteurs de la monarchie, et pourtant, au milieu de tant de révolutions, la Prusse est demeurée tranquille (1).

Nous nous bornerons ici à une remarque qui tient essentiellement à notre sujet : la Prusse est la seule puissance qui, quel que soit son état militaire à l'intérieur , n'a participé à l'intervention que par des notes diplomatiques ; mais on ne peut pas lui reprocher l'*abus réel* de la force au préjudice des droits des nations ; c'est une preuve de plus que celui qui songe le mieux à ses intérêts , est celui qui se mêle le moins des intérêts des autres.

(1) On a beaucoup parlé de la Prusse et de ses institutions : les uns ont voulu la représenter comme un État modèle, les autres ont condamné sa marche politique ; les uns et les autres sont tombés dans les exagérations les plus absurdes : il importe que le lecteur ne se méprenne pas sur notre manière de voir à ce sujet.

Si nous avons signalé ici la sage et prudente conduite du gouvernement prussien, ce n'est pas dans l'intention de proposer les institutions de la Prusse comme modèle à quelque gouvernement que ce soit : la sagesse d'un gouvernement consiste à faire ce qui convient mieux à la position de l'Etat gouverné, et la Prusse présente de trop frappantes singularités, pour que ses institutions puissent convenir à un autre Etat; mais il n'est pas moins vrai que l'exemple de la modération du gouvernement prussien, qui a produit de si heureux résultats, ne devrait pas être perdu pour les autres gouvernemens.

Mais il faut avouer que toute la sagesse des gouvernemens pourrait difficilement aujourd'hui mettre un terme à l'intervention armée.

L'abus *éventuel* de la force est de tous les temps ; il tient malheureusement à la nature même de l'homme ; mais l'abus *systématique* de la force est, en ce moment, la conséquence nécessaire de la plus vicieuse distribution des corps politiques qui fût jamais dans la république européenne ; il durera tant que cette distribution ne sera pas modifiée par la force des événemens ou par la prévoyance des cabinets ; en attendant, nous présenterons au lecteur quelques considérations à ce sujet dans le chapitre suivant.

CHAPITRE VI.

—

De la combinaison des forces et des résistances dans le système politique de l'Europe.

Si l'on veut assurer le repos de l'Europe, il faut que les différens corps politiques, jouissant d'une existence séparée, soient constitués de manière à pouvoir se soutenir de leur chef; il faut qu'ils puissent repousser, par eux-mêmes ou par des alliances naturelles, une agression extérieure quelconque (1).

(1) Dans l'état actuel des choses, si une guerre venait à éclater, les petits Etats ne pourraient pas assurer leur indépendance et leur repos, au moyen d'une neutralité armée.

Les grandes puissances elles-mêmes, dans leur déclaration du 21 décembre 1813, ont reconnu *qu'il n'y a point de véritable neutralité sans une véritable indépendance.* La neutralité n'est qu'un vain nom pour des petits Etats isolés, soumis à une influence étrangère, et dont les forces peuvent être écrasées à chaque instant par les grandes masses militaires de nos jours.

Les petits Etats ne pourront jamais jouir *d'une véritable indépendance*, ni maintenir *une véritable neutralité*, qu'en se

Mais comment parvenir à ce but ? — Une nouvelle assemblée générale, à l'instar de celle du congrès de Vienne, en 1815, ne pourrait avoir que de fâcheux résultats ; il n'y aurait plus le même accord entre les puissances, et ce serait plutôt une cause de désunion qu'une source de tranquillité.

Ce qu'on aurait pu faire à l'époque du congrès de Vienne (si l'on avait consulté ces vénérables habitudes, par lesquelles les peuples tiennent à une religion, à une famille souveraine, à une forme de gouvernement plutôt qu'à une autre), devient impossible aujourd'hui : l'homme de 1815 ne se reconnaît plus dans l'homme de 1840.

Il faut donc considérer l'Europe sous un nouveau point de vue: il faut reconstruire son système politique sur des bases plus conformes à la raison et à la justice. Ce n'est pas de l'alliance personnelle des plus puissans monarques que doit dépendre la conservation de l'ordre général; ce n'est pas non plus à ces monarques qu'il faut exclusivement déléguer la direction ou la surveillance des États secondaires ; c'est au contraire dans l'ensemble et dans l'accord de ces derniers qu'il faut chercher des moyens

groupant ensemble, en se donnant la main les uns aux autres, et en se réunissant en assez grand nombre pour pouvoir du moins arrêter une première invasion, de quelque côté qu'elle vienne.

Le lecteur verra ci-après quelles sont nos idées à ce sujet.

suffisans de résistance aux envahissemens de la force.

Ici, l'expérience du passé pourra nous fournir d'utiles leçons pour l'avenir; et en suivant un enchaînement de causes et d'effets, nous serons amenés à considérer l'état actuel de l'Europe, sous son vrai point de vue.

En effet, si nous consultons l'histoire de l'Europe moderne, nous voyons le pouvoir et les moyens de résistance marcher de pair : ce phénomène n'a cessé de se reproduire sous différentes formes, depuis le déclin du système féodal jusqu'à la fin du dernier siècle.

A mesure que les progrès de l'industrie et du commerce multiplient les rapports d'homme à homme, de peuple à peuple, on voit se développer le grand système des garanties sociales, inhérent à notre civilisation : ces garanties s'étendent à tous les individus de l'espèce humaine, comme à tous les corps politiques; indépendantes de la volonté du plus fort, elles deviennent, pour lui-même, une impérieuse nécessité.

Dès le xiiie siècle, lorsque la société européenne ne faisait, pour ainsi dire, que sortir de l'enfance, l'union anséatique, la confédération du Rhin, les ordres religieux et militaires, jouissant d'une existence politique, les républiques italiennes, l'influence de la cour de Rome, présentaient des moyens de résistance plus que suffisans pour empêcher la trop grande concentration et l'abus du pouvoir.

7

Mais l'action conservatrice de ces moyens de résistance diminua peu à peu, et finit par se perdre
dans ce grand mouvement de vie qui s'étendit à
toutes les parties de l'Europe. On vit alors surgir
de nouveaux corps politiques plus proportionnés à
l'élévation graduelle des grands États : en même
temps que la monarchie française acquérait plus
d'unité et plus de force, la maison d'Autriche devenait plus formidable ; un nouvel empire s'élevait
sur les ruines de l'empire d'Orient ; mais il trouvait
dans la Pologne, alors riche et puissante, une bar-
rière insurmontable à ses envahissemens ; l'Angleterre commençait à prendre une part active aux affaires du Continent ; enfin, la réforme religieuse
venait donner aux corps politiques, même les plus
faibles, cette intensité de force morale qui les rend
souvent capables de résister à l'ambition des plus
puissans monarques.

Après l'époque de Charles V, la marche de la civilisation devenait plus rapide et amenait de nouvelles combinaisons politiques : l'ordre féodal s'étei-
gnait avec ces priviléges qui formaient le plus grand
obstacle à la réunion du pouvoir en un seul. Deux
grandes puissances, renforcées par le principe monarchique, planaient au dessus des autres États ;
la Pologne et l'empire Ottoman s'affaiblissaient et
marchaient à la fois vers leur déclin ; l'influence de
la cour de Rome devenait insignifiante ; l'esprit de
réforme lui-même, subjugué par ses propres triom-

phes, perdait tous les jours de sa vigueur, et l'action de la religion sur l'ordre politique disparaissait avec les forces morales qu'elle avait mises en jeu.

Cependant, deux nouveaux États avaient surgi de l'abus même du pouvoir : *la confédération suisse et la Hollande;* d'un autre côté on voyait la Prusse s'élever et se former en royaume sur les débris de l'ordre teutonique et aux dépens de la puissance polonaise; on voyait en même temps l'Angleterre développer toutes ses forces et acquérir un grand poids dans le système politique de l'Europe.

Nous arrivons au xviiie siècle, où la tendance de l'ensemble de la société européenne, vers un seul et même but, au moral comme au politique, devient plus frappante; mais on voit la concentration du pouvoir augmenter d'un côté, et les moyens de résistance diminuer de l'autre.

La Suisse, retranchée dans ses vallées et dans ses montagnes, ne présente plus aucun point d'appui aux libertés des autres nations; l'empire d'Allemagne n'est plus qu'une puissance nominale; la Hollande, dont l'élévation rapide avait étonné l'Europe, n'a plus qu'une faible influence politique; la Pologne est à la veille de disparaître du rang des nations; la puissance ottomane se soutient à peine; elle n'excite plus que la pitié des puissances chrétiennes dont naguères elle faisait la frayeur; la Prusse elle-même, au moment où les talens de ses princes semblent l'élever dans l'échelle des pouvoirs politiques, se trouve pressée contre une nouvelle puissance formidable , *celle de la Russie.*

Cette nouvelle puissance , qui n'avait jamais été censée, jusqu'ici , faire partie de la république européenne , n'y était pas amenée, comme celle des Turcs , trois siècles auparavant , par un fanatisme barbare, demeurant toujours étrangère à la marche de la société chez les nations voisines : c'était un empire sortant de l'enfance, grandissant dans toute la vigueur de sa nature , qui ne cherchait que trop à se rallier à la politique de l'Europe , et qui , d'un pas accéléré , se hâtait vers la civilisation.

Dans les différentes périodes que nous venons de parcourir, on a vu des corps politiques s'élever, grandir, s'affaiblir, disparaître et se succéder tour à tour ; mais ce qui est vraiment remarquable, au milieu de tant de vicissitudes, c'est la formation progressive et constante d'un certain nombre d'Etats secondaires , en rapport avec la formation des puissances du premier ordre; cependant, vers la fin du xviiie siècle , ce rapport entre le pouvoir et la résistance fut sensiblement altéré.

Il est vrai que l'apparition même de la puissance russe venait modifier la position politique de la France et de l'Autriche : ce changement de position devait amener ces deux puissances à une conduite plus conforme aux principes du droit des gens (1).

(1) En effet , les anciennes querelles qui ont si long-temps

L'expérience du passé nous porte à croire que, si la révolution française n'était pas survenue, on aurait vu se former de nouvelles combinaisons politiques proportionnées aux exigences du temps.

Mais la révolution française et les conquêtes de Napoléon achevèrent de détruire toutes les garanties d'ordre politique ; il n'y eut plus de puissance intermédiaire : Napoléon a été renversé, mais ce vide n'a pas été rempli, et, encore aujourd'hui, l'ordre politique ne tient qu'à la volonté du plus fort.

Dans l'ancien système, le maintien de la paix et la conservation de l'ordre général étaient le résultat de la rivalité des plus puissans cabinets, de la différence de leurs vues, de la divergence de leurs intérêts, enfin de la division et du contraste du pouvoir, et ce contraste était nécessairement modifié par l'action d'un grand nombre d'États intermédiaires.

Un triumvirat politique prétend aujourd'hui régler, sans contrôle, les destinées de l'Europe entière. Au nom d'un ordre général indéfinissable, le droit des gens a été converti en un Code correctionnel, où les transgressions politiques sont classées et modifiées suivant la convenance de chaque triumvir, qui est à la fois législateur, juge et exécuteur ; le

divisé l'Autriche et la France, ne peuvent plus se reproduire aujourd'hui, et ces deux puissances sont appelées à concourir, d'un commun accord, au maintien de l'ordre politique.

maintien de la paix paraît se rattacher à cette con-
spiration du| pouvoir, sans exemple dans l'his-
toire.

Cependant on ne réussit à prolonger cet accord
des plus forts que par de continuelles transactions,
et ces transactions sont de nature à faire voir que
le règne de la force est incompatible avec le caractère actuel de la société européenne.

On doit donc s'attendre à d'importantes modifications dans la distribution des corps politiques;
ces modifications pourront être le résultat d'une
triste nécessité, après une longue suite de malheurs;
mais il est à désirer qu'elles soient plutôt l'effet de
la sagesse et de la prévoyance des cabinets.

Si l'on veut considérer la nature des différens
États de l'Europe, on pourra reconnaître encore la
possibilité d'opposer une digue au droit du plus
fort.

En commençant par la Russie, on pourra se demander..... à quel anneau du système de l'Europe doit-
on la rattacher? C'est dans la réciprocité des con-
venances politiques que nous pourrons trouver la
solution de cette question.

La Russie n'a rien à craindre d'une agression
de la part des autres puissances européennes; c'était
une vérité déjà généralement sentie avant notre époque; et Napoléon a achevé de la démontrer de nos
jours; mais, au contraire, les puissances de l'Europe ont beaucoup à craindre et n'ont rien à espé-

rer de la Russie; c'est encore une vérité qui n'a plus besoin de démonstration.

Sans nous arrêter aux premiers pas de cette puissance, lorsqu'elle s'emparait des plus belles provinces de la Suède, nous nous bornerons à remarquer l'étonnante rapidité de ses envahissemens sur la Pologne et la Turquie européenne vers la fin du dernier siècle.

Le cabinet russe stipulait, par un traité solennel, en 1774, l'*indépendance* de la Crimée; dix ans après, la Crimée ne fut plus qu'une province russe.

Le cabinet russe déclarait solennellement, en 1772, vouloir établir, sur un fondement solide, les libertés de la nation polonaise; bientôt après commença le grand partage, et la Pologne disparut du rang des nations.

La marche envahissante de la Russie contre la Porte ne fut pas même arrêtée par Napoléon; mais c'est depuis la restauration qu'on a pu voir plus à découvert la tendance naturelle de cette puissance vers un pouvoir plus étendu (1).

Le cabinet russe stipulait, en 1815, l'érection du duché de Varsovie en royaume constitutionnel, jouissant d'une existence séparée; ce royaume fai-

(1) Dans l'intention de présenter ici la marche envahissante de la puissance russe, dans son ensemble, nous n'avons pu éviter la répétition de quelques faits que nous avons cités plus haut, en parlant du Congrès de Vienne.

sait déjà partie intégrante de la Russie, en 1832.

Le cabinet russe déclarait, en 1821, qu'il était prêt à prendre les armes pour garantir l'indépendance de l'empire ottoman ; et c'est sous l'influence de ce cabinet que la Turquie européenne fut dépouillée, huit ans après, de ses plus importantes provinces.

La Russie stipula ensuite par des traités l'indépendance du nouveau royaume de la Grèce, dans les mêmes dispositions, peut-être, qu'elle avait stipulé l'indépendance de la Crimée, un demi-siècle auparavant.

Enfin, il n'y a pas seulement huit ans que tout homme d'État aurait qualifié d'absurde l'hypothèse d'une intervention russe à Constantinople, pour soutenir le trône de Mahmoud : eh bien ! cette absurdité politique s'est réalisée ; le traité qui porte cette intervention existe, il a même déjà reçu, en partie, son exécution !...

Ces faits historiques ne sont bien certainement pas marqués au coin d'une politique stationnaire et conservatrice !

On ne veut pas reproduire ici des frayeurs exagérées... Sans doute l'Europe présenterait encore assez de moyens de résistance, sans cette agitation des peuples et cette sombre inquiétude des cabinets, qui ne laissent espérer ni stabilité ni liberté d'action de la part des gouvernemens : c'est ainsi que la force naturelle des corps politiques a été paralysée, et que la Russie, au milieu de la paix, est

arrivée à un point où elle n'aurait jamais pu espérer de parvenir, même après la guerre la plus heureuse.

Cependant quelques diplomates de nos jours
semblent parfaitement rassurés sur la tendance de
la puissance russe, et ils la représentent au contraire comme une puissance naturellement conservatrice.

La Russie, disent-ils, possède une trop grande
étendue de pays pour chercher encore à s'étendre...
Ce raisonnement est précisément l'opposé de celui
qu'on devrait faire, d'après la nature de l'homme :
au surplus, ajoutent-ils, quand bien même la Russie
aurait des projets d'envahissement, ses forces sont
trop dispersées pour lui permettre d'accomplir ses
desseins.—Mais, sous ce point de vue, la position de
la Russie, au commencement du xviiie siècle, était
bien plus désavantageuse ; elle ne possédait alors,
en Europe, qu'une fraction de la population qu'elle
y compte aujourd'hui ; ses habitans étaient bien plus
dispersés et plus rares sur une vaste surface ; la
concentration de ses forces était bien plus difficile ;
elle possédait beaucoup moins de ressources, et les
puissances voisines avaient, proportionnellement,
plus de moyens de résistance : cependant, c'est précisément dans ces circonstances, à travers tous ces
obstacles, qu'elle est tombée, avec une effrayante
rapidité, sur l'Europe, et qu'elle a fini par s'élever
au premier rang.

Il ne faut pas confondre les qualités personnelles des tzars, dont il n'est ici nullement question, avec la puissance russe elle-même. Lorsqu'il s'agit de poser les bases d'un ordre solide et durable, le caractère personnel d'un prince ne présente'pas plus de garantie, dans l'ordre politique, que le caractère personnel d'un individu dans l'ordre civil. Il est juste et raisonnable de supposer que tout individu est honnête homme jusqu'à preuve du contraire; mais si cette supposition devait se changer en certitude pour la génération présente, comme pour les générations à venir, les lois, les institutions, les traités deviendraient inutiles.

Dans le temps où nous vivons, l'âcreté des opinions politiques nous porte trop souvent à confondre les personnes et les choses : le caractère personnel d'un monarque ne doit jamais faire perdre de vue la tendance naturelle d'une puissance.

La Russie, puissance asiatique et européenne à la fois, susceptible encore d'un immense développement, entraînée par sa propre nature dans un mouvement progressif continuel, se trouve composée d'élémens incompatibles avec les principes d'un ordre conservateur; elle ne saurait se rallier à un système qui aurait pour base la stabilité des corps politiques dans une assiette déterminée; et, sous ce point de vue, la puissance russe fait, elle seule, un système à part. Les autres puissances de l'Europe doivent donc chercher, d'un commun accord, à contrebalancer ou du moins à modifier le développement de ce pouvoir extraordinaire.

L'Autriche doit sentir la première cette nécessité : l'empire autrichien est enclavé au nord, à l'est, au sud, entre la Russie et la Turquie européenne qui se trouve aujourd'hui à la merci de la Russie.

Napoléon, en créant le duché de Varsovie, avait cherché à soustraire à la domination russe une des plus intéressantes parties de la Pologne ; mais cette combinaison politique, qui ne tenait qu'aux conquêtes passagères des Français, disparut avec elles ; on n'aurait pu la rendre solide et durable qu'en rattachant l'existence même du grand duché de Varsovie aux intérêts essentiels de la Prusse ou de l'Autriche : c'était en effet, pour ces deux puissances et même pour l'Europe entière, une question vitale, et on doit regretter que le congrès de Vienne, appelé à résoudre cette question, l'ait résolue au détriment du repos des nations. Maintenant, les vœux de tous les cœurs généreux, pour l'indépendance de la Pologne, ne feront jamais reculer d'un seul pas la Russie.

Du côté de la Turquie d'Europe, les frontières de la monarchie autrichienne représentent l'ouverture d'un angle, renfermant un pays qui s'étend depuis la Bosnie et la Servie jusqu'à la Valachie.

Si ces principautés venaient à tomber au pouvoir de la Russie, l'Autriche, cernée de tous les côtés, ne pourrait plus soutenir le haut rang qu'elle doit naturellement occuper parmi les puissances du premier ordre.

Cependant le trône de Mahomet, en Europe, est près de s'écrouler : quoi qu'on en dise, on est bien persuadé que cette catastrophe approche, mais on ne sait pas la prévenir et on n'ose pas la hâter; c'est comme un membre gangrené qu'on veut conserver le plus long-temps possible, au risque même de la vie, et qu'on est pourtant condamné à voir pourrir et tomber pièce à pièce.

Si cette politique bornée retarde un peu la chute de l'empire ottoman, elle paraît la plus propre à en assurer l'avantage exclusif à la Russie : c'est la même politique qu'on a suivie à l'égard de la Pologne, et dont les malheureuses conséquences sont devenues aujourd'hui irrémédiables : c'est ainsi qu'on laisse échapper peu à peu toutes les chances favorables au maintien de l'ordre général.

En effet, la Porte n'est déjà plus une puissance indépendante; ses traités avec la Russie sont de nature à faire naître sans cesse de nouvelles difficultés, jusqu'à ce que le plus fort ait écrasé le plus faible. Rien ne prouve mieux cette vérité que les conventions relatives à la Moldavie, à la Valachie et à la Servie : on a donné un simulacre de gouvernement national à des pays que la Russie ne pouvait pas encore garder, et que la Porte ne voulait pas encore abandonner. Entre la souveraineté de la Porte et la protection de la Russie, ces contrées sont devenues le pays le plus malheureux de l'Europe : les traités qui ont établi cette double influence ne méritent pas le nom de traités de paix.

La Russie a déjà obtenu un immense avantage dans la prétendue régénération des Grecs ; elle a bien compris que l'intervention des autres puissances ne pourra jamais suffire à former de la Grèce un corps politique vraiment indépendant ; au milieu des grandes masses qui se sont formées en Europe, si la Grèce et la Turquie européenne doivent avoir un poids dans la balance du pouvoir, ce n'est qu'en formant un seul et même État : on a donc séparé deux pays dont on aurait dû cimenter l'union, et on a allumé un nouveau brandon de discorde.

On est donc aujourd'hui à la veille de voir résoudre une importante question, celle de savoir si la Turquie européenne, jetée dans la balance de la Russie, fera partie d'un système d'envahissement, ou si, rentrant dans la balance des autres puissances, elle fera partie d'un système conservateur ? — Ce n'est que dans cette dernière solution que l'Europe pourra trouver une garantie d'ordre et de tranquillité; mais il n'y a pas de temps à perdre, ou bien la Russie aura gain de cause.

De nouvelles combinaisons politiques deviennent donc nécessaires; mais ces nouvelles combinaisons ne seront durables qu'autant qu'elles seront coordonnées entre elles, et avec la distribution du pouvoir dans les autres parties de l'Europe.

Nous nous permettrons ici quelques réflexions en attendant que des hommes d'État éclairés viennent résoudre ce grand problème européen.

Aucune puissance de l'Europe occidentale ne peut raisonnablement avoir des projets d'agrandissement sur la Turquie d'Europe : de ce côté, une augmentation de pouvoir, en faveur de l'Autriche, présenterait la meilleure garantie possible contre les envahissemens de la Russie.

Il est dans l'intérêt de l'Europe civilisée que l'Autriche devienne maîtresse de la Valachie et du cours entier du Danube. Les provinces qui, par cette combinaison, seraient réunies à la monarchie autrichienne, lui vaudraient plus que les plus florissantes colonies et les plus riches possessions placées en dehors de sa sphère naturelle : ce ne serait pas seulement une augmentation matérielle de pouvoir, ce serait une nouvelle source de richesse et de prospérité qui rejaillirait sur l'ensemble de l'empire; ce serait aussi un puissant moyen de rapprocher de la civilisation européenne des peuples qui sont encore à demi barbares.

De la mer Noire à l'Adriatique on pourrait suivre une ligne qui, partant des montagnes du Balkan, se prolongerait, dans une convenable direction, jusqu'aux frontières de l'Albanie; au nord de cette ligne, l'Autriche aurait le pays qui appartient encore à la Turquie d'Europe ; elle y retrouverait un moyen sûr et facile de consolider sa puissance et de concentrer ses forces sur le point où elle aurait le plus à craindre.

D'un autre côté, le pays que cette ligne laisserait au midi, baigné par l'Adriatique et par la mer Noire (1), serait encore assez vaste pour former un royaume très considérable dans une des plus belles situations du monde.

Ce royaume serait ainsi entièrement séparé de la Russie par les possessions intermédiaires de l'Autriche ; ce serait un grand point de gagné pour la tranquillité de l'Europe.

On verrait probablement alors la Prusse se soustraire au poids accablant de la Russie, et se rallier franchement et sans crainte à une politique conservatrice (2); les autres États de l'Allemagne septentrionale suivraient naturellement la même direction.

(1) Les Sept-Iles formeraient naturellement partie de ce royaume ; peut-être même que l'Angleterre renoncerait, sans difficulté, à la domination qu'elle y exerce actuellement, dès que la Russie se trouverait forcée, de son côté, à renoncer entièrement à ses vues sur Constantinople.

(2) La Prusse ne pourrait aujourd'hui se détacher de la Russie, sans risquer son existence même : où trouverait-elle ailleurs un appui sûr et solide ? Tant que la Turquie européenne ne formera pas un Etat vraiment indépendant, il sera toujours impossible d'établir un système de défense bien combiné dans l'Europe orientale.

Tous ces corps politiques, se servant mutuellement d'appui, formeraient une première ligne de défense; réunis par un intérêt commun, ils présenteraient, dans leur ensemble, des moyens de résistance proportionnés à la force envahissante : ce serait, si l'on peut s'exprimer ainsi, la chaîne orientale du système conservateur de l'Europe.

Mais si toutes les parties de ce système doivent être coordonnées entre elles, ce n'est pas seulement de ce côté qu'il faut chercher des garanties pour l'avenir.

La plus belle partie de l'Europe centrale, exposée à l'action continuelle d'une force étrangère, demeure sans vie politique.

La Haute-Italie, et sur une ligne d'abord parallèle, un peu divergente ensuite de l'est à l'ouest, la Suisse, le Tyrol, la Bavière, le Wurtemberg, le grand duché de Baden, les deux Hesses, la Prusse rhénane, le Luxembourg, la Belgique et les Pays-Bas, forment une bande transversale, de la Méditerranée à l'Océan; sur un espace dont la longueur n'excède pas celle de l'Espagne, et dont la largeur est beaucoup moindre sur tous les points, on retrouve une population à peu près égale à celle de l'Autriche ou de la France.

Si tous ces pays n'étaient pas continuellement en butte à l'influence et à la domination étrangère, s'ils pouvaient jouir d'une réelle indépendance, ils seraient naturellement portés à se lier, pour sou-

tenir conjointement les mêmes principes politiques :
ces États secondaires, réunis d'intérêt, formeraient
une masse proportionnée aux grandes divisions politiques de notre époque ; leur état naturel serait
celui d'une constante neutralité, et ils auraient assez de force pour la faire respecter : on trouverait
ainsi, dans la confédération de tous ces États, un
puissant moyen de maintenir la paix entre les grandes puissances de l'Orient et celles du couchant de
l'Europe (1).

(1) La combinaison qu'on propose ne pourrait répondre à
son but, qu'autant qu'elle serait fondée sur les vrais principes
du droit des gens et sur une identité d'intérêts pour les Etats
alliés : les conditions essentielles de la Confédération pourraient
être résumées comme il suit :

1° Tous les Etats confédérés se garantiraient réciproquement
et solidairement leur existence politique séparée et indépendante, ainsi que l'intégrité de leur territoire ;

2° Il serait formellement déclaré que toute intervention étrangère dans les affaires intérieures d'un Etat quelconque, est contraire aux principes de la Confédération, et que les changemens qui pourraient s'introduire par la suite, dans la forme de
gouvernement de chacun des Etats confédérés, ne pourraient
jamais, sous quelque prétexte que ce fût, altérer le pacte d'alliance ;

3° Les Etats alliés, tant séparément que collectivement,
s'engageraient à ne jamais intervenir à main armée dans les
affaires les uns des autres, sous peine d'être mis au ban de la
Confédération et d'être traités en ennemis ;

4° En cas de guerre entre les grandes puissances de l'Eu-
rape, une neutralité armée serait considérée comme obligatoire
pour tous les Etats de la Confédération ;

8

Toute question d'ordre constitutionnel devrait être étrangère à une alliance qui n'aurait pour but que le maintien de la paix publique et de l'ordre général. Ce pacte serait cimenté par la facilité des relations entre les États alliés : l'établissement d'un tarif modéré de douanes, qui ne gênerait pas trop la liberté du commerce, et l'éloignement de toute vexation poli-

Toute violation de cette neutralité armée, de la part d'une puissance étrangère quelconque, serait considérée comme une déclaration de guerre contre la Confédération toute entière ; il en serait de même à l'égard de toute intervention armée étrangère, dans les affaires intérieures d'un des Etats alliés ;

5° Aucun des Etats alliés ne pourrait entreprendre une guerre offensive que du consentement unanime de tous les Etats de la Confédération ;

6" Tout ce qui se rapporterait à la défense commune serait réglé par un traité à part ;

7° Il serait admis en principe que l'on accorderait l'hospitalité a tous les réfugiés politiques, sans distinction d'opinion, en prenant toutefois les précautions nécessaires pour ne donner aucun motif d'inquiétude aux Etats voisins. Au reste, on admettrait également en principe, sur la base de la réciprocité, l'extradition des individus condamnés pour des crimes qu'on doit regarder comme étant destructifs de l'ordre social, sous quelque forme de gouvernement que ce soit, tels que vol, faux, assassinat ou meurtre prémédité.

On pourrait réunir tous les ans les plénipotentiaires de chacun des Etats alliés, dans une des principales villes de la Confédération, qui serait désignée d'avance et tour à tour, en Italie, en Allemagne et dans les Pays-Bas. Les actes de ce congrès annuel seraient communiqués à tous les Etats de l'union et déposés dans leurs archives.

tique, offriraient, dans l'ensemble de ces États, une ligne de communication centrale et vraiment européenne, en rapport avec les besoins de la civilisation : ce foyer d'améliorations sociales, ce grand point de réunion pour l'industrie et le commerce de tous les peuples, fourniraient, aux États les plus éloignés et les plus différemment constitués, un moyen de se rapprocher et de se rendre utiles les uns aux autres.

Il ne nous reste plus à parler que des grandes puissances de l'Europe occidentale.

On ne saurait considérer la France comme une puissance essentiellement militaire et conquérante ; toutes les fois qu'elle a dépassé ses limites natu relles, ses triomphes ont été de courte durée, et elle n'a fait que s'attirer des malheurs sans nombre. L'Espagne ne saurait inspirer aucune crainte ; les Pyrénées, dans l'état actuel de l'Europe, sont, pour cette puissance, les colonnes d'Hercule.

L'Angleterre ne pourrait songer à faire des conquêtes sur le continent que dans un accès de folie qui la perdrait pour toujours.

Mais la France, l'Angleterre et l'Espagne réunissent, à l'avantage d'une position géographique bien déterminée, celui de l'unité nationale : on trouvera toujours des Espagnols, de Cadix aux Pyrénées ; des Français, des Pyrénées aux Alpes et au

Rhin ; des Anglais , du Cap-Finistère au détroit de Pentland (1).

Il ne peut entrer dans les prévisions de notre âge de voir ces États morcelés sous le glaive de l'étranger ou par un effet de nouvelles révolutions.

Ces trois puissances, appelées désormais à suivre la même politique dans leurs relations extérieures , formeraient la troisième et dernière section du grand système conservateur que nous avons en vue (2).

Les intérêts essentiels de la république européenne seraient assurés si les corps politiques, compris dans les deux autres sections de ce système , au centre et à l'est de l'Europe, pouvaient acquérir plus d'indépendance et de stabilité.

Malheureusement, au delà du Rhin et des Alpes, il n'y a plus de veritable nation : les noms imposans d'Allemagne et d'Italie ne désignent pas plus aujourd'hui des nations, que les titres pompeux d'empereur d'Allemagne ou de roi des Romains ne désignaient autrefois les attributs réels de la souverai-

(1) On peut dire aujourd'hui avec vérité que l'Angleterre et l'Ecosse ne forment qu'une seule nation.

(2) En effet, après l'émancipation, forcée ou convenue, des colonies américaines, et après les changemens politiques survenus en Europe, ces trois puissances seront toujours naturellement portées à suivre les mêmes principes politiques à l'extérieur, indépendamment d'une plus ou moins grande analogie entre leurs institutions internes.

neté. Il n'y a guère que deux grandes monarchies
formées par des pays que la nature paraît avoir sé-
parés : de Milan à Lemberg, du Rhin au Niémen,
ce n'est qu'un assemblage de peuples divers n'ayant
aucun rapport de caractère entre eux ; on ne rencontre rien moins que des Autrichiens dans l'empire d'Autriche, des Prussiens dans le royaume de
Prusse.

Si ces différens peuples se trouvent tous ralliés
sous le pouvoir d'un seul chef, c'est donc par d'autres liens que par un esprit de nationalité ; mais
quels que soient les liens qui maintiennent cette
union, ils ne peuvent qu'être affaiblis par l'action
et la réaction continuelle des deux grands États voisins qui, suivant des mouvemens rapides, en sens
contraire, marchent, l'un vers sa ruine, l'autre
vers son élévation.

Après ce coup d'œil général sur la situation de
l'Europe, tout nous ramène encore à l'importance
d'une confédération centrale qui se trouverait alors
entre les grandes puissances de l'Occident, dont le
caractère conservateur n'exclut pourtant pas l'abus
de la force, et les grandes puissances de l'Orient,
où une vicieuse distribution des corps politiques
sert sans cesse d'aliment aux débordemens du pouvoir.

APPENDICE, Nᵒ I.

—

Ouvrage de M. de Châteaubriand sur le congrès de Vérone.

M. de Châteaubriand a publié un ouvrage sur le congrès de Vérone et la guerre d'Espagne en 1823 : la lecture de cet ouvrage nous a fourni l'occasion de faire encore quelques remarques à l'appui de ce que nous avons dit sur l'intervention armée en général, et plus particulièrement sur l'intervention française dans les affaires de l'Espagne.

M. de Châteaubriand avouait, en 1823, que *la plaie politique de l'Espagne, étant dans le roi, le remède était presque impossible.* Comment peut-il donc s'applaudir aujourd'hui d'avoir fait répandre le sang français, pour rendre la liberté à un *monarque haissable qui ne lui inspirait aucun intérêt,* et qui ne pouvait que faire le malheur de la nation espagnole?

Nous citerons ici une autre expression de l'illustre vicomte, qui, pour être moins noble, n'en est que plus énergique : « *Il était évident,* dit M. de Châteaubriand, en parlant du roi Ferdinand, *qu'il brûlerait son royaume dans son cigarre.* »

Au nombre des pièces publiées par M. de Châteaubriand se trouve une lettre de M. de Villèle,
où il est bien positivement établi que jamais « les
» royalistes espagnols, alors même que les autres
» gouvernemens les auraient aidés, n'auraient pu
» faire la contre-révolution en Espagne sans le
» secours d'une armée étrangère. » Il faut ajouter à
cette vérité, sanctionnée par l'expérience, que les
constitutionnels, *sans le secours d'aucune armée étrangère,* ont eu deux fois gain de cause ; c'est une
preuve qu'il y a moins de répugnance en Espagne
pour un gouvernement constitutionnel que pour un
gouvernement absolu.

Mais on doit remarquer que les Espagnols, constitutionnels ou royalistes, font un peuple à part dont
on ne connaît généralement ni le caractère, ni les
mœurs, ni les besoins : une puissance qui veut
soutenir un parti espagnol quelconque, ne sait à
quoi elle s'engage, elle s'expose à des conséquences
qui pourraient être le revers de ses prévisions.

M. de Châteaubriand dit que *jamais conquête aussi
brillante que celle d'Espagne, en 1823, n'a coûté
moins de pleurs.*

La guerre d'Espagne, en 1823, n'était pas une
guerre de conquête, mais une guerre de parti ; certes le parti qui fut aidé d'une armée de cent
mille Français, put bien facilement triompher du
parti contraire ; s'il y eut peu de sang répandu,
il y eut aussi peu de lauriers de cueillis ; et par cela

même on ne saurait voir, dans l'expédition d'Espagne, *la résurrection militaire de la France*, mais seulement le rêve du ministre.

La France, toujours généreuse, n'agissait alors que dans l'intérêt des cabinets du Nord , et ces cabinets eux-mêmes étaient d'autant plus intéressés à donner l'apparence de la réalité aux illusions de M. de Châteaubriand, qu'ils voyaient en lui le seul homme qui pût soutenir l'expédition d'Espagne à la tribune; certes M. de Châteaubriand ne se doutait pas alors qu'il proclamait la déchéance de Charles X et de la branche aînée des Bourbons.

M. de Châteaubriand, enchanté de la connaissance de l'empereur Alexandre, et satisfait de l'allure apparemment franche et loyale du cabinet de Pétersbourg, prétend que *la vraie politique de la France est la politique russe*.

Cette proposition trouvera peu d'échos dans les cœurs vraiment français. Et pourquoi donc la France doit-elle suivre la politique des oppresseurs de la Pologne? Et quel besoin a-t-elle, la France , d'être aidée par la politique russe? Où sont-ils les ennemis qui environnent la France? — Au-delà des Pyrénées elle retrouve un allié naturel ; aux frontières de la Belgique elle rencontre des peuples qui n'aspirent qu'à redevenir Français ; jamais elle ne retrouvera des ennemis en Italie, en Suisse ou en Allemagne, tant qu'elle ne manifestera pas des vues ambitieuses sur ces contrées.

M. de Châteaubriand prétend que la France a des ennemis formidables dans l'Angleterre et dans l'Autriche.

Mais l'Angleterre ne pourra jamais songer à une guerre d'invasion ; sa marine retrouve aujourd'hui une nouvelle rivale dans la marine Russe ; et sous le rapport de l'industrie et du commerce, jamais la France n'a eu moins à craindre la concurrence anglaise.

L'Autriche joint aux désavantages particuliers à sa position un voisinage peu rassurant ; elle ne saurait être sans appréhension du côté de la Russie ; elle retrouve dans la Turquie européenne et dans la Grèce un empire en ruines et un foyer de désordre ; elle a donc trop à faire chez elle pour chercher querelle à la France.

Au fond, l'Angleterre, l'Autriche et la France n'ont aujourd'hui qu'un seul intérêt, celui d'arrêter les envahissemens de la Russie. Que le cabinet des Tuileries se garde donc d'adopter la politique russe, ou c'en est fait de la France et de l'Europe entière !

M. de Châteaubriand répète souvent, avec humeur, que les puissances du Nord se sont bornées à faire les honneurs et les complimens de la guerre d'Espagne, mais que la France seule en a supporté toute la charge ; il finit par avouer que *cette expédition avortée n'est plus aujourd'hui qu'un grand regret.*

Cependant M. de Châteaubriand , ainsi que les autres diplomates de son temps, ont pensé, en 1823, que l'occupation de Cadix aurait mis un terme à tous les mouvemens révolutionnaires : c'était, disaient-ils, *la fin de la fin;* mais ils se sont trompés, ce n'était pas même le commencement de la fin.

M. de Châteaubriand , qui se regarde comme le principal auteur de l'expédition de l'Espagne, en parle avec emphase , comme d'une grande et heureuse entreprise , qui a réuni les suffrages de tous les rois et de tous les cabinets de l'Europe.

M. de Châteaubriand a pu être ébloui, pour un moment, des louanges dont les souverains et les ministres étrangers l'ont accablé; mais toutes leurs lettres autographes , tous les rubans ou les cordons qui les ont accompagnées ne prouvent rien , ou plutôt prouvent que M. de Châteaubriand n'a pas agi dans les intérêts de la France.

Enfin M. de Châteaubriand prétend avoir été le ministre *de la réalité*, et que M. Canning ne fut que *le ministre de l'imagination.*

Il sera permis aux lecteurs du *Génie du Christianisme*, des *Martyrs* et même du *Congrès de Vérone,* de porter un jugement tout opposé ; M. de Châteaubriand en sera d'autant moins fâché, qu'il a un esprit trop brillant et un cœur trop généreux pour faire de la diplomatie ; c'est dans une sphère plus élevée qu'il marche vers l'immortalité.

Multa dircœum levat aura Cycnum.

APPENDICE, N° II.

—

Débats des Chambres sur l'évacuation d'Ancône.

La question de l'occupation d'Ancône, abandonnée sur le terrain par le cabinet des Tuileries, est devenue l'objet d'une vive discussion dans l'enceinte du parlement français.

Cet incident nous a valu la découverte de quelques documens qui étaient peut-être destinés à rester ensevelis dans la poussière des archives.

Lorsque nous écrivions notre Essai sur l'intervention, nous ne pouvions partir que des traités et des actes connus ; aujourd'hui nous ne saurions voir, dans les pièces récemment produites, qu'une nouvelle confirmation de ce que nous avons avancé.

Nous avons dit que l'intervention française, dans les affaires de la Romagne, était une violation gratuite du droit des gens.

En effet, on voit aujourd'hui que le pape avait bien demandé l'intervention autrichienne, mais qu'il ne voulait point de l'intervention française ; on voit que le ministère Périer a voulu intervenir à tout prix, et que le pape a fini par céder jusqu'à un cer-

tain point; on voit également que le général français,
chargé du commandement des troupes qui devaient
débarquer sur un point donné du territoire romain ,
s'est emparé de nuit, et par surprise , de la place
d'Ancône, contre la foi des conventions signées peu
de jours auparavant; on voit enfin que le pape, tout
en protestant contre cette dernière violence, a dû
céder encore une fois, mais que, s'il a consenti à
l'occupation temporaire d'Ancône, c'est en dictant
des conditions qui mettaient les Français dans une
fausse position politique et les empêchaient de profiter des avantages d'une position militaire.

Nous avons contesté l'importance militaire de l'occupation d'Ancône ; on a prétendu soutenir le contraire, et on a cité Napoléon ; mais on n'a pas fait
attention à la diversité des circonstances.

En 1797, Bonaparte raisonnait en grand capitaine
et en grand homme d'État, lorsqu'il signalait au gouvernement français l'importance de la place d'Ancône.

Il voyait alors' dans la possession de cette place
deux grands avantages : la facilité d'exécuter ses projets sur l'Orient, et la domination de l'Adriatique
assurée à la France.

Mais il est évident que la position de la France et
de l'Europe n'est plus la même qu'en 1797.

Alors la France était en guerre avec toutes les
puissances européennes ; les beaux faits d'armes dus
à la valeur française et au génie de Bonaparte n'é-

taient encore que le commencement d'une longue et
grande lutte ; le gouvernement français devait chercher à combattre la coalition des cabinets de Londres, de Vienne et de Pétersbourg ; et, dans ce but,
il pouvait raisonnablement méditer des entreprises
du côté de l'Orient. Tout faisait donc sentir le prix
de l'acquisition d'un port maritime qui fût à la por-
tée de la Grèce et de la Turquie.

Maintenant la France est depuis long-temps en paix
avec tout le monde ; dans ses limites actuelles elle
ne pourrait concevoir des projets sur l'Orient sans
compromettre ses intérêts ; la Russie trouve aujour-
d'hui dans l'Angleterre un ennemi, et la France y retrouve un allié ; l'Autriche, également en garde contre les projets ambitieux de la Russie ou de l'Angleterre, est en ce moment la première puissance con-
tinentale qui soit appelée à prendre une part active
aux affaires d'Orient ; on voit donc que l'importance
du port maritime d'Ancône n'est plus la même pour
la France, sous le rapport de la question orientale.

En Italie tout a changé encore. En 1797, on ne
pouvait guère prévoir que la domination de l'Autriche, en Italie, serait rétablie, moins encore qu'elle
serait augmentée , et que l'influence autrichienne
s'étendrait, sans obstacle, à toute la Péninsule ; il
était alors naturel de penser que l'acquisition de la
place d'Ancône, sanctionnée par un traité de paix ,
aurait pu assurer à la France la domination de l'A-
driatique.

Mais, par suite de la paix de 1815, l'Autriche est devenue elle-même la première puissance de l'Italie du Nord; elle est maîtresse de la Lombardie et des États de Venise; elle domine aujourd'hui paisiblement l'Adriatique, et ce n'est pas l'occupation isolée d'Ancône qui peut lui enlever cette domination.

Dans tous les cas, Bonaparte avait en vue l'acquisition définitive et la possession permanente de la place d'Ancône, et il ne songeait point à une occupation temporaire et conditionnelle, telle qu'elle a été convenue par le ministère Périer.

Puisqu'on est revenu sur ce sujet, nous nous permettrons quelques réflexions encore.

Par l'expédition d'Ancône, le ministère Périer voulait, dit-on, contrebalancer l'influence autrichienne en Italie; il voulait porter le pape à donner des institutions à ses sujets.

L'influence autrichienne n'a fait qu'augmenter en Italie; le pape n'a point donné d'institutions aux États romains, et les troupes françaises ont évacué Ancône; il est donc prouvé, par le fait, que l'expédition d'Ancône est une entreprise entièrement avortée.

Le raisonnement ne pouvait pas conduire le gouvernement français à des conclusions différentes de la réalité.

Les désordres arrivés dans la Romagne et les démarches de la cour de Rome auprès du cabinet de

Vienne avaient amené l'occupation temporaire de Bologne par les Autrichiens ; mais l'influence de l'Autriche, en Italie, ne dépendait en aucune manière de cette occupation éventuelle.

Si le ministère français voulait réellement contrebalancer l'influence de l'Autriche en Italie, il devait chercher à modifier, par le fait ou par le droit, le résultat des actes du congrès de Vienne, qui avait établi cette influence ; il n'avait pas besoin, pour cela, d'attaquer directement l'Autriche, ni de soutenir ouvertement les révolutionnaires d'Italie ; mais il pouvait profiter des circonstances pour marcher vers le but qu'il avait en vue.

Le gouvernement français aurait agi conformément aux principes du droit des gens, en s'opposant à l'intervention autrichienne, toute réclamée qu'elle était par le pape ; et si les négociations ne suffisaient pas à cet effet, il ne risquait rien de se montrer prêt à prendre les armes : cette attitude imposante aurait été plus agréable à l'armée et à la nation.

L'Autriche n'était pas mieux préparée à la guerre que la France ; sans doute, si on lui eût contesté la moindre de ses possessions, si on eût prétendu l'empêcher de soutenir les princes autrichiens, en Italie, elle aurait tenté le sort des armes plutôt que de consentir à perdre les avantages réels de sa position ; mais jamais elle ne se serait exposée aux chances d'une guerre pour intervenir dans les af-

9

faires d'un petit État qui lui est étranger et dont elle n'a rien à craindre.

Alors le gouvernement romain , abandonné à ses propres forces, aurait été probablement entraîné à donner des institutions à ses sujets.

Mais si le ministère Périer s'effrayait du seul nom de guerre, s'il craignait que l'Autriche eût relevé le gant, il pouvait encore chercher à tirer habilement parti de l'intervention autrichienne elle-même; il pouvait faire valoir son adhésion à cette intervention et tâcher d'amener le cabinet impérial à une modification de l'article du congrès de Vienne, qui lui donne droit de garnison à Ferrare; l'Angleterre, invitée à prendre part à cette négociation, ne s'y serait pas refusée; le pape lui-même se serait montré satisfait; et peut-être que le gouvernement français serait ainsi parvenu à la stipulation d'un nouveau traité portant que, lorsque l'ordre serait rétabli dans les États romains, les troupes autrichiennes auraient également évacué Bologne et Ferrare, laissant le pays parfaitement libre de toute occupation militaire étrangère.

Enfin, si le ministère français ne jugeait convenable aucune de ces démarches, il n'avait qu'à se borner à des protestations générales ; mais il devait s'abstenir d'une intervention inutile qui compromettait l'honneur et les intérêts de la France ; une courte analyse du traité conclu avec Rome, pour l'occupation d'Ancône, nous fera mieux connaître la nature de cette intervention.

Le pape voulait bien permettre à un certain nombre de soldats français de séjourner à Ancône, mais il leur assignait la ville pour prison ; on stipulait expressément qu'ils ne pourraient point faire de fortifications et qu'ils seraient obligés de détruire celles qu'ils auraient faites : ainsi les Français perdaient les avantages d'une position militaire ; car Bonaparte lui-même avait déclaré, en 1797, que, pour rendre la place d'Ancône tenable, il fallait fortifier une colline voisine de la ville.

L'occupation d'Ancône était entièrement subordonnée à celle de Bologne, c'est à dire que lorsque les Autrichiens *auraient jugé à propos* de quitter Bologne, les Français *s'engageaient* à quitter Ancône; il était même expressément stipulé *qu'ils la quitteraient par la voie de mer :* on aurait dit que le pape cherchait à éviter les ravages d'une peste.

Il était convenu que les Français ne devaient se mêler, en aucune manière, d'affaires politiques ; il ne leur était donc pas permis, même dans l'enceinte de la ville d'Ancône, d'intervenir en faveur des idées libérales. On a vu ensuite le cabinet français laisser à l'Autriche l'honneur de présenter à la cour de Rome un plan de réforme. Tout ceci n'est guère d'accord avec les intentions qu'on a voulu prêter au ministère Périer, de dicter des institutions libé-

rales au pape et de contrebalancer l'influence autrichienne en Italie.

Il était enfin convenu que tous les frais de l'expédition, sans réserve, seraient à la charge de la
France : sans doute c'était assez pour le pape de
supporter les frais de l'intervention autrichienne
qu'il avait réclamée ; il était juste que le cabinet
français se chargeât de la dépense d'une expédition
que lui seul avait imaginée ; mais ce qui paraît
moins aisé à comprendre, c'est que la France constitutionnelle ait fourni les fonds, ne songeant pas
seulement à s'enquérir de la nature de l'acte qui
lui imposait cette charge ; on n'y a pensé que lorsqu'il n'était plus temps, et comme par hasard, à
l'occasion d'une vaine cérémonie.

On doit être étonné qu'après tant d'expéditions
inutiles ou avortées, la France ne se demande pas à
elle-même pourquoi elle doit encore continuer à
prodiguer ses trésors à l'étranger.

Que l'on calcule tout ce que ces expéditions ont
coûté, et l'on sera effrayé du chiffre ; si toutes ces
sommes avaient été employées à des travaux d'utilité
publique, que de nouvelles sources de prospérité
et de puissance n'aurait-on pas ouvert au peuple
français.

L'occupation et l'évacuation d'Ancône sont maintenant des faits du domaine de l'histoire ; mais ils
renferment une leçon qui ne doit pas être perdue
pour la France.

Les Chambres étaient donc en droit de blâmer la conduite du ministère Périer , relativement aux affaires d'Ancône ; mais elles ne pouvaient pas élever un seul doute sur l'obligation où était le gouvernement français de remplir les engagemens qu'il avait contractés.

En vain a-t-on prétendu que les troupes françaises n'auraient dù quitter Ancône qu'autant que le pape aurait donné des institutions libérales aux États romains , il fallait prouver que le pape avait consenti à cette condition , et le traité d'Ancône prouve le contraire. D'ailleurs on ne saurait comprendre comment un souverain pourrait légitimement *s'engager* , *envers une puissance étrangère* , à donner des institutions d'une nature déterminée à ses sujets? Aucune nation n'est plus intéressée que la France à repousser ces sortes d'engagemens, aussi contraires à la dignité qu'à l'indépendance des corps politiques.

En soulevant ainsi des questions oiseuses, tardives et surtout très impolitiques , on présentait la France sous un faux jour, et l'on faisait naître à l'étranger des soupçons sur sa bonne foi , des craintes sur son esprit d'envahissement.

On a donc commis une grande faute lorsqu'on a reproché au ministère Molé l'évacuation d'Ancône. Ce ministère ne pouvait avoir, à cet égard, d'autre responsabilité que celle de la fidèle exécution du traité conclu avec le Saint-Siége , et il était complètement justifié par la simple production de ce traité.

Dans ces circonstances on peut se demander pourquoi le ministère Molé s'est engagé à soutenir un acte auquel il n'avait eu aucune part, *prenant fait et cause pour le ministère Périer ?* C'est, puisqu'il le faut dire, parce que, s'il est aujourd'hui une responsabilité politique en France, c'est plutôt une *responsabilité monarchique* qu'une *responsabilité constitutionnelle ;* mais, qu'on ne s'y trompe pas, ce n'est pas le résultat de la volonté d'un seul, c'est au contraire, en ce moment, un besoin de la nation.

L'ordre monarchique ne peut plus être rétabli en France ; l'ordre constitutionnel n'y a pas jeté de bien profondes racines encore, et on ne peut espérer de voir les nouvelles institutions se consolider avant long-temps.

En attendant, la France est exposée à tomber dans l'anarchie, ou à devenir victime de la politique étrangère ; dans cet état de choses elle n'a guère qu'un moyen d'éviter ces dangers, c'est de relever le sentiment de l'honneur national ; mais, pour relever ce sentiment, il faut que la France reprenne sa place et son influence naturelles en Europe ; il faut qu'elle sorte enfin d'une nullité politique désormais trop prolongée ; les amis de l'ordre et de la paix doivent souhaiter que ce but soit rempli sans révolution et sans guerre, et qu'à tout événement les Français retrouvent dans leurs princes des chefs dignes de régler les destinées d'un grand peuple.

APPENDICE, N° III.

—

Question d'Orient.

M. Thiers prononça à la tribune, le 13 janvier 1840, un discours remarquable sur la question d'Orient.

Nous avons déjà essayé de poser nettement cette question, dans l'intérêt de l'Europe; c'est encore dans le véritable intérêt de l'Europe, et par conséquent de la France elle-même, que nous nous permettons ici quelques réflexions sur le discours de l'honorable député.

D'abord, si nous ne nous trompons pas, M. Thiers a eu principalement en vue de semer des paroles de conciliation et de paix, d'éviter surtout une rupture entre deux grandes nations qui, dans l'intérêt de la civilisation européenne, doivent être amies et alliées : sous ce rapport, M. Thiers a cherché à rendre un grand service à la France.

Mais, en France, les députés qui parlent à la

tribune sont un peu comme les poètes, leur position
même les autorise à prendre quelques libertés :

Quid libet audendi... equa potestas;

ils le savent, et ils se trouvent souvent dans le cas
d'user réciproquement d'indulgence ,

Scimus et hanc veniam petimusque damusque vicissim.

Ce n'est donc pas le discours du député qui peut
nous faire juger de l'homme d'État; rien ne le prouve
mieux que le discours de M. Thiers.

M. Thiers ne voit que deux systèmes possibles : la
politique active et la politique de précaution.

La politique active de M. Thiers n'est autre chose
que la politique russe; il était facile de définir en
peu de mots cette politique, parce que la Russie se
trouve dans une position bien déterminée par rapport à la question d'Orient.

Mais lorsque M. Thiers vient à parler de la politique de précaution, il a de la peine à se faire comprendre; il ne retrouve plus que des expressions
vagues et indéfinies : c'est que réellement la position
des grandes puissances conservatrices , par rapport
à la question d'Orient, n'a pas été bien déterminée
encore , et que ces puissances n'étant pas d'accord,
il est difficile de trouver une ligne de conduite politique d'après des principes bien arrêtés.

M. Thiers regarde la politique active , c'est à dire
la politique du partage comme impossible; il a peut-

être raison quant à la Turquie européenne, car, depuis la paix de 1815, l'empire ottoman, en Europe, s'est entièrement décomposé; il reste peu à partager; il ne reste guère que Constantinople : aussi, c'est dans Constantinople que M. Thiers voit le danger.

Du reste, il ne paraît voir dans la question d'Orient qu'une querelle entre la Porte et le pacha d'Egypte, la question européenne n'est qu'une question secondaire.

La Russie, dit-il, n'a point de projets immédiats sur Constantinople, par la raison toute simple qu'elle peut s'en emparer à volonté; que, par conséquent, elle n'a pas besoin de se presser, et que ce serait une folie de sa part de provoquer une guerre pour occuper matériellement aujourd'hui une ville qu'elle tient virtuellement dans ses mains et dont elle pourra se saisir, à la première occasion favorable, sans compromettre ses intérêts.

Le pacha d'Égypte n'a pas non plus de projets immédiats sur Constantinople; mais le motif en est un peu différent: c'est qu'il doit être bien convaincu que s'il voulait aller à Constantinople, il ne le pourrait pas, les Russes s'y trouveraient avant lui.

M. Thiers conclut de tout cela que, ni la Russie, ni le pacha d'Égypte, n'ayant point de projets immédiats sur Constantinople, le danger est imaginaire, et la question européenne doit être mise de côté.

M. Thiers se déclare l'ami de la Porte , et par une bienveillance particulière, il va jusqu'à lui donner des conseils, en l'invitant à profiter des leçons de l'expérience. Il est évident, dit-il, que la Turquie ne *peut plus régner en Europe* sur la Servie, la Valachie et la Moldavie, et M. Thiers a raison ; la Turquie, poursuit-il, a agité inutilement l'Europe pour conserver la Grèce ; si elle a voulu être tranquille il a fallu la céder, mieux aurait valu se résigner et céder d'abord. Mais ici M. Thiers n'est pas d'accord avec les faits, ce n'est pas la Turquie qui a agité l'Europe pour conserver la Grèce ; elle n'a cessé de conjurer les puissances chrétiennes de s'abstenir de toute intervention; ce sont, au contraire, ces puissances qui se sont spontanément agitées pour enlever à la Porte un pays sans lequel l'intégrité de l'empire ottoman n'était plus qu'une dérision. Encore, ajoute M. Thiers, si la Turquie veut être sage, qu'elle fasse aujourd'hui son sacrifice à l'égard de la Syrie, comme elle l'a fait à l'égard de la Grèce.

Si l'on demande pourquoi la Porte doit faire le sacrifice de tous ces pays? c'est, dit M. Thiers, parce que réellement elle ne peut plus les gouverner.

Il faut avouer que la Porte, suivant les conseils de ses amis, bientôt n'inquièterait plus personne.

Ainsi, d'après M. Thiers, les puissances n'auraient jamais dû se mêler de la question d'Orient ;

ce n'est, selon l'honorable député, qu'une misérable déception : qu'on laisse vider la querelle entre la Porte et le pacha, tout se mettra naturellement à sa place, et l'Europe sera tranquille. Les cabinets européens devront enfin renoncer à se mêler de la question d'Orient, et ils n'ont rien de mieux à faire que de *donner leur démission* : ce n'était pas la peine de faire tant de bruit pour arriver à ce triste résultat.

Mais que M. Thiers se tranquillise, les puissances ne seront pas exposées à ce ridicule : la Porte, cédant aux conseils de l'amitié, ferait de bonne grâce tous les sacrifices que M. Thiers exige de sa sagesse, que les cabinets de l'Europe ne seraient pas à se regarder en face, honteux d'avoir poursuivi, dans la question d'Orient, une ombre, un fantôme, un être d'imagination. La question d'Orient, considérée comme question européenne, subsisterait toujours, elle aurait même acquis plus de gravité.

On ne cesse de parler de l'intégrité de l'empire ottoman; mais faut-il encore répéter, ce que tout le monde sait, que l'empire ottoman, en Europe, n'a plus de vie politique à lui? Ni le libéralisme du sérail, ni la phraséologie des diplomates ne pourront ressusciter un corps mort.

On n'a qu'à jeter les yeux sur la carte de l'Europe, y chercher le pays désigné sous le nom de Turquie, et lorsqu'on en aura séparé les pays acquis à la Russie, la Servie, la Valachie, la Moldavie et la

Grèce, on verra si l'on peut aujourd'hui parler de l'intégrité de l'empire ottoman, considéré comme puissance européenne, ainsi qu'on pouvait encore le faire à l'époque du congrès de Vienne, en 1815. Certes, on parlait alors de *statu quo* comme on en parle aujourd'hui, comme en a parlé M. Thiers à la tribune, lorsqu'il a dit que la *Russie aime la paix et le statu quo*; mais on n'a qu'à suivre les événemens pour voir quel est le *statu quo* qui plaît à la Russie, c'est son *statu quo progressif*, et c'est à cette condition qu'elle aime la paix.

M. Thiers paraît apercevoir la nécessité de *reconstituer* l'empire ottoman; et pour arriver à ce but, il voudrait introduire à Constantinople un gouvernement à l'orientale : c'est condamner tous les efforts du sultan décédé pour rapprocher son gouvernement des gouvernemens européens. Mais que le tort soit du côté du sultan ou du côté de M. Thiers, nous ne nous serions pas attendus à une pareille proposition de la part de ce dernier. Nous avouons que, tout en appréciant les avantages d'un gouvernement asiatique, nous sommes intimement convaincus qu'il n'y a *plus un seul coin en Europe* où l'introduction d'un gouvernement oriental ne soit une impossibilité politique et morale. Nous nous écarterions trop de notre but en entrant dans des développemens ultérieurs à ce sujet; mais nous osons croire que M. Thiers lui-même est de notre avis.

On a également entendu un ministre d'État, à

la tribune , parler du *salut de la nationalité turque* , mots indéfinissables et qui ne nous paraissent susceptibles d'aucune application à la réalité des choses.

Il y a, dans notre opinion, un problème vraiment européen , dont la solution devient tous les jours plus difficile : c'est de *fixer* les destinées du pays , désigné sous le nom de Turquie européenne , d'une manière conforme à la conservation de l'ordre et de la paix ; le danger consiste en ce que les grandes puissances, qui sont essentiellement conservatrices, ne savent se mettre d'accord sur la ligne politique à suivre pour résoudre ce grand problème dans leur intérêt commun ; il s'ensuit que la Russie, puissance de sa nature envahissante, ne connaît d'autres bornes à ses envahissemens que celles qu'elle veut bien se prescrire elle-même.

Le danger n'est donc pas exclusivement dans Constantinople ; si on veut l'éviter, il faut reconstituer la Turquie en un corps politique vraiment indépendant, et de nature à pouvoir se rallier , par identité d'intérêt , aux autres puissances de l'Europe. La Grèce est une partie essentielle, indispensable à l'existence et à la vie politique de ce corps ; il faut donc la réunir à lui , ou si l'on veut le réunir lui-même à la Grèce, il faut qu'un souverain , professant la religion grecque, chef de son église , comme le tzar de Russie , réside à Constantinople.

Si la Turquie doit être ainsi reconstituée, on conçoit aisément que la partie européenne est néces-

sairement appelée à gouverner la partie asiatique ;
si l'on veut donc assurer l'indépendance et l'intégrité de cet État, c'est surtout du côté de l'Europe
qu'il faut le mettre hors de tout contact immédiat
avec la Russie ; il faut que le territoire qui le sépare
de la Russie appartienne à la grande puissance conservatrice limitrophe, où le nouvel empire grec retrouvera toujours son allié naturel.

Nous pensons donc que la politique qu'il convient
d'adopter avant tout, c'est une politique de résistance, telle qu'elle puisse empêcher, d'une manière efficace, l'exercice d'une influence prépondé-
rante et tout envahissement ultérieur de la Russie
sur Constantinople et sur la Grèce. Nous pensons
également qu'il est encore une *politique active* possible, un peu différente de celle de M. Thiers ; une
politique qui convient à toutes les puissances européennes, excepté à la Russie, et qui, par conséquent, doit être enfin adoptée par toutes les puissances, à la Russie près. Cette politique ne consiste
pas à diviser, à partager les restes d'un cadavre ;
elle consiste à rebâtir, à recomposer, à réunir tous
les débris qui restent encore, à les animer d'un
souffle de vie ; elle consiste enfin à provoquer avec
tous les moyens possibles la formation d'un corps
politique homogène en harmonie avec l'état actuel
de la société européenne, jouissant d'une véritable
indépendance, ayant un poids dans la balance des
pouvoirs.

C'est cette politique noble, généreuse, désintéressée, qui convient à la France, si elle veut amener la question d'Orient à une solution conforme aux besoins et aux espérances de l'Europe civilisée.

P. S. — Octobre 1840.

Les événemens se succèdent avec une étonnante rapidité. Un nouveau traité d'alliance vient d'être conclu avec l'Angleterre et les puissances du Nord. La Russie a mis adroitement à profit les déclarations même du ministère français ; elle a fait perdre de vue *la question politique européenne,* sous le prétexte de *la question commerciale asiatique ;* c'est ce qui lui a valu gain de cause auprès du ministère anglais.

La question de la Syrie n'est qu'un incident : si l'on veut suivre les événemens, à dater de la destruction de la flotte égyptienne et de l'érection du petit royaume de la Grèce, on pourra se convaincre que la question principale est encore aujourd'hui la question européenne.

Certes le cabinet de Pétersbourg n'aurait eu aucune chance de succès avec le ministère Canning. Ce qui est arrivé prouve que M. de Brunow est un diplomate plus habile que lord Palmerston.

Au reste, la nation anglaise ne veut pas de l'alliance Russe ; l'Autriche craint par dessus tout les envahissemens de la Russie ; la Prusse ne peut avoir d'autre politique que la nécessité du moment. On peut donc être sûr d'avance que cette alliance ne se maintiendra pas long-temps.

Le cabinet français, dans ses notes diplomatiques, a établi les faits avec assez de précision pour démontrer ce dont tout le monde était d'ailleurs persuadé, que la France n'a pas tort de se plaindre de la conduite des quatre puissances. Mais on ne pouvait guère s'attendre, de la part du ministère du 1er mars, à la déclaration suivante, contenue dans la note adressée à M. Guizot, le 8 octobre 1840 :

« *En acceptant avec une religieuse fidélité* l'état de » l'Europe défini par les traités existans, la France » a compris que, pendant la paix générale qui a heu- » reusement prévalu, depuis 1815, *cet état ne pou-* » *vait être changé ni pour l'avantage ni au détriment* » *d'aucune des puissances existantes !* »

Certes, les malheurs de la France ne dérivent pas des actes du congrès de Vienne; mais aussi est-il vrai que le traité de paix de 1815 *a été dicté à la France, lorsqu'elle se trouvait sous le poids d'une invasion étrangère.* Les bases de ce traité sont incompatibles avec le maintien de la dignité de la nation à l'étranger; elles sont destructives de l'influence que la France, par sa position, est appelée à exercer sur l'Europe.

On pourrait regarder, comme *une rare vertu politique,* la religieuse fidélité avec laquelle le ministère français accepte, encore aujourd'hui, les actes du congrès de Vienne; si les autres puissances les avaient elles-mêmes scrupuleusement maintenus. Mais nous avons vu (page 75) que l'état de l'Europe n'est plus en ce moment tel qu'il a été défini par les diplomates de 1815 : des changemens, amenés par le fait, ont été acceptés par de nouveaux traités. Voudrait-on alléguer en faveur de ces changemens la force des événemens, la raison, l'expérience?... Eh! quoi, depuis 1815 ne s'est-il donc rien passé en France pour qu'elle puisse réclamer le rang qui lui est dû, comme grande puissance européenne?

Le gouvernement français n'a pas osé ou n'a pas voulu recourir aux armes pour empêcher que le pacte sanctionné par le congrès de Vienne ne fût violé, au préjudice de l'Italie, de la Pologne, de la Turquie; et, si la paix a été conservée, ce n'est pas à la modération des cabinets étrangers qu'on le doit, c'est à la longanimité de la France.

On ne conçoit pas comment les ministres d'une grande nation, pour éviter les chances d'une guerre, vont jusqu'à s'interdire l'expression même du désir que ce code politique, qui a déjà subi d'ailleurs tant d'altérations, soit modifié en faveur de leur patrie!

On prétend que, dans l'état d'agitation où se trouve la France (1), la guerre ne pourrait que lui être fa-

(1) On a cru voir, dans le principe de la souveraineté du peuple, une des causes principales de cet état d'agitation. Nous n'entrerons pas dans cette discussion; cependant, comme nous avons dit nous-même (page 85) que « la souveraineté *réelle*

tale; mais si la guerre avait lieu, on verrait la grande majorité des Français, sans distinction d'opinion ou de parti, se réunir en un seul sentiment contre l'étranger.

Sans doute la France n'a pas besoin de faire de nouvelles conquêtes; elle n'y trouverait que de nouveaux malheurs. Cependant, après les événemens qui se sont succédés depuis 1815, on ne pourrait guère lui reprocher des desseins ambitieux, si elle redemandait ses frontières naturelles que le congrès de Vienne lui a enlevées : en lui accordant cette juste satisfaction, les autres puissances donneraient une preuve de la sincérité de leurs vœux pour la conservation de la paix.

Mais le traité d'alliance récemment conclu nous paraît une preuve nouvelle que la France ne peut se relever de son abaissement politique à l'étranger, que sur le champ de bataille. Eh bien! la France n'a jamais eu, elle n'aura peut-être jamais plus de chances de succès qu'aujourd'hui. Qu'elle n'hésite donc pas, s'il le faut, à donner le signal du combat: ce sera un combat de gloire pour le peuple français, comme pour tous les peuples civilisés de l'Europe.

» du peuple est destructive de l'ordre politique, » nous saisissons cette occasion pour déclarer que, par les mots : souveraineté *réelle*, nous avons entendu désigner le pouvoir *réel* qui gouverne une nation et qui ne saurait être attribué simultanément à la multitude sans renverser l'Etat et sans détruire les bases de la société.

TABLE DES MATIÈRES.

www.ingramcontent.com/pod-product-compliance
Lightning Source LLC
Chambersburg PA
CBHW070758290326
41931CB00011BA/2065